ハングル表

もじ	きょっく ㄱ	にうん ㄴ	てぃぐっつ ㄷ	りうる ㄹ	みうむ ㅁ	ぴうっぷ ㅂ	しおっつ ㅅ	いうん ㅇ	ちうっつ ㅈ	ちうっつ ㅊ	きうっく ㅋ	てぃうっつ ㅌ	ぴうっぷ ㅍ	ひうっつ ㅎ
あ ㅏ	か 가	な 나	た 다	ら 라	ま 마	ぱ 바	さ 사	あ 아	ちゃ 자	ちゃ 차	か 카	た 타	ぱ 파	は 하
や ㅑ	きゃ 갸	にゃ 냐	てぃゃ 댜	りゃ 랴	みゃ 먀	ぴゃ 뱌	しゃ 샤	や 야	ちゃ 쟈	ちゃ 챠	きゃ 캬	てぃゃ 탸	ぴゃ 퍄	ひゃ 햐
お ㅓ	こ 거	の 너	と 더	ろ 러	も 머	ぽ 버	そ 서	お 어	ちょ 저	ちょ 처	こ 커	と 터	ぽ 퍼	ほ 허
よ ㅕ	きょ 겨	にょ 녀	てぃょ 뎌	りょ 려	みょ 며	ぴょ 벼	しょ 셔	よ 여	ちょ 져	ちょ 쳐	きょ 켜	てぃょ 텨	ぴょ 펴	ひょ 혀
お ㅗ	こ 고	の 노	と 도	ろ 로	も 모	ぽ 보	そ 소	お 오	ちょ 조	ちょ 초	こ 코	と 토	ぽ 포	ほ 호
よ ㅛ	きょ 교	にょ 뇨	てぃょ 됴	りょ 료	みょ 묘	ぴょ 뵤	しょ 쇼	よ 요	ちょ 죠	ちょ 쵸	きょ 쿄	てぃょ 툐	ぴょ 표	ひょ 효
う ㅜ	く 구	ぬ 누	どぅ 두	る 루	む 무	ぷ 부	す 수	う 우	ちゅ 주	ちゅ 추	く 쿠	とぅ 투	ぷ 푸	ふ 후
ゆ ㅠ	きゅ 규	にゅ 뉴	てぃゅ 듀	りゅ 류	みゅ 뮤	ぴゅ 뷰	しゅ 슈	ゆ 유	ちゅ 쥬	ちゅ 츄	きゅ 큐	てぃゅ 튜	ぴゅ 퓨	ひゅ 휴
う ㅡ	く 그	ぬ 느	どぅ 드	る 르	む 므	ぷ 브	す 스	う 으	ちゅ 즈	ちゅ 츠	く 크	とぅ 트	ぷ 프	ふ 흐
い ㅣ	き 기	に 니	てぃ 디	り 리	み 미	ぴ 비	し 시	い 이	ち 지	ち 치	き 키	てぃ 티	ぴ 피	ひ 히

もじ	きょっく ㄱ	にうん ㄴ	てぃぐっつ ㄷ	りうる ㄹ	みうむ ㅁ	ぴうっぷ ㅂ	しおっつ ㅅ	いうん ㅇ	ちうっつ ㅈ	ちうっつ ㅊ	きうっく ㅋ	てぃうっつ ㅌ	ぴうっぷ ㅍ	ひうっつ ㅎ
え ㅐ	け 개	ね 내	て 대	れ 래	め 매	ぺ 배	せ 새	え 애	ちぇ 재	ちぇ 채	け 캐	て 태	ぺ 패	へ 해
いぇ=え ㅒ	け 걔	ね 냬	て 댸	りぇ 럐	め 먜	ぺ 뱨	しぇ 섀	いぇ 얘	ちぇ 쟤	ちぇ 챼	け 컈	て 턔	ぺ 퍠	へ 햬
え ㅔ	け 게	ね 네	て 데	れ 레	め 메	ぺ 베	せ 세	え 에	ちぇ 제	ちぇ 체	け 케	て 테	ぺ 페	へ 헤
いぇ=え ㅖ	け 계	ね 녜	て 뎨	りぇ 례	め 몌	ぺ 볘	しぇ 셰	いぇ 예	ちぇ 졔	ちぇ 쳬	け 켸	て 톄	ぺ 폐	へ 혜
わ ㅘ	くゎ 과	ぬゎ 놔	とぅゎ 돠	るゎ 롸	むゎ 뫄	ぷゎ 봐	すゎ 솨	わ 와	ちゅゎ 좌	ちゅゎ 촤	くゎ 콰	とぅゎ 톼	ぷゎ 퐈	ふゎ 화
うぇ ㅙ	くぇ 괘	ぬぇ 놰	とぅぇ 돼	るぇ 뢔	むぇ 뫠	ぷぇ 봬	すぇ 쇄	うぇ 왜	ちゅぇ 좨	ちゅぇ 쵀	くぇ 쾌	とぅぇ 퇘	ぷぇ 퐤	ふぇ 홰
うぇ ㅚ	くぇ 괴	ぬぇ 뇌	とぅぇ 되	るぇ 뢰	むぇ 뫼	ぷぇ 뵈	すぇ 쇠	うぇ 외	ちゅぇ 죄	ちゅぇ 최	くぇ 쾨	とぅぇ 퇴	ぷぇ 푀	ふぇ 회
うぉ ㅝ	くぉ 궈	ぬぉ 눠	とぅぉ 둬	るぉ 뤄	むぉ 뭐	ぷぉ 붜	すぉ 쉬	うぉ 워	ちゅぉ 줘	ちゅぉ 춰	くぉ 쿼	とぅぉ 퉈	ぷぉ 풔	ふぉ 훠
うぇ ㅞ	くぇ 궤	ぬぇ 눼	とぅぇ 뒈	るぇ 뤠	むぇ 뭬	ぷぇ 붸	すぇ 쉐	うぇ 웨	ちゅぇ 줴	ちゅぇ 췌	くぇ 퀘	とぅぇ 퉤	ぷぇ 풰	ふぇ 훼
うぃ ㅟ	くぃ 귀	ぬぃ 뉘	とぅぃ 뒤	るぃ 뤼	むぃ 뮈	ぷぃ 뷔	しゅぃ 쉬	うぃ 위	ちゅぃ 쥐	ちゅぃ 취	くぃ 퀴	とぅぃ 튀	ぷぃ 퓌	ふぃ 휘
うぃ=い ㅢ	き 긔	に 늬	てぃ 듸	り 릐	み 믜	ぴ 븨	し 싀	うぃ 의	ち 즤	ち 츼	き 킈	てぃ 틔	ぴ 픠	ひ 희

어린이 한국어 1

こども かんこくご 1

子どものための韓国語入門テキスト！

黄 昞峻（ふぁん・びょんじゅん）

金 善美（きむ・そんみ）

HAKUEISHA

はじめに

■ 背景

　2000年以降の韓流ブームとともに韓国語を学ぶ人が増加しています。特に、K-POP の人気が高まった時期からは10代の学習者が急増しています。このような状況から、多くの韓国語関連教材が出版されるようなりました。

　しかし、このように小学生や中学生の学習者が年々増加していながらも、多くの韓国語の教材は成人用が主流です。私が勤めている「在日本大韓民国民団大分県地方本部」の韓国語講座では成人用の教材は小学生や高齢者には学びにくいことから、子ども用の教材を制作して、授業に使っていました。その後、改良を重ねて、このたび出版することになりました。

■ 特色

　本書は、小・中学生の子どもがはじめて韓国語を学ぶときに使用するテキストです。書き言葉や難しい文法はほとんど使わず、音声を聞きながら単語を読み、読みながら書きます。そして、会話文に単語を入れ替えながら文章を書いて読みます。最後に単語を指しながら会話文を言うことで、会話文と単語を習得できるように作りました。

　また、言葉だけではなく、韓国文化の理解に役立つ「韓国について」を15項目載せています。

■ 構成と特徴

　本書は、1部の文字編が8課、2部の入門編が15課、3部の付録で構成されています。

1部は、文字の学習であり、難しい法則や説明はなるべく省略し、音声を聞いて発音しながら書くことができるように作っています。

2部は、単文構成の会話文を用いており、各課ごとに、基本文型を示し、約16語ある単語を入れ替えて聞きながら読みます。次に、単語を発音しながら書いて覚えるようにしています。そして、会話文では単語を入れ替えながら書くようにしていて、音声と答案も載せています。最後には確認段階として、日本語をみてハングルで話すようにしています。

　また、各課ごとに、「韓国について」という文化項目を載せています。

3部は、付録として、会話文の解答、単語リスト（発音表記付き）を載せています。

　この教科書を十分に活用していただき、単文構成の基本文型をしっかり固め、次のステップへ進むことを願っています。

　最後に、本書の出版をご快諾してくださった博英社の中嶋啓太代表取締役をはじめ、編集部担当者の三浦智子氏にこの場を借りて心から感謝の意を表したいです。

2024年5月

黄 昞峻、金 善美

もくじ

おんせいファイルはここをよみとってね！

第1部

もじ
文字

もくじ

1-1

ハングルとは

☑ 1443年、朝鮮時代の４代目の国王である世宗大王が創りました。

☑ ハングル（文字）＝ 子音 ＋ 母音

		母音（ぼいん） 모음（モウム）				
		ㅏ	ㅑ	ㅓ	ㅕ	…
子音（しいん） 자음（チャウム）	ㄱ	가	갸	거	겨	
	ㄴ	나	냐	너	녀	
	ㄷ	다	댜	더	뎌	
	ㄹ	라	랴	러	려	
	…					

1-2

母音（ぼいん）①

基本母音をつくる３つ

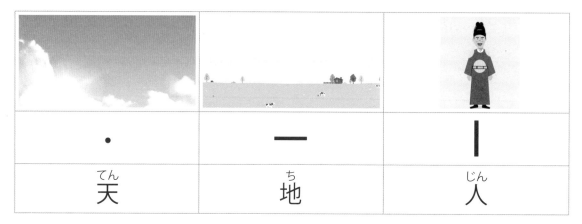

.	―	l
天	地	人
てん	ち	じん

口をあけて声をだす

01

↓ト→	↓ト→→	→ᅥ↓	→ᅧ↓
日本語の「あ」	日本語の「や」	口を半分あけて喉に力を入れて「お」	口を半分あけて喉に力を入れて「よ」

発音しながらかいてみよう。

ト	ト		아	아		
ト	ト		야	야		
ᅥ	ᅥ		어	어		
ᅧ	ᅧ		여	여		

※ これもはつおんはおなじですよ。

▶ 口を突きだして声をだす

02

②→①↓ ┴	①↓↓② →③ ㅛ	①→ ┬ ↓②	①→ ㅠ ②↓↓③
日本語の「お」	日本語の「よ」	日本語の「う」	日本語の「ゆ」

✓ 発音しながらかいてみよう。

┴	┴				오	오		
ㅛ	ㅛ				요	요		
┬	┬				우	우		
ㅠ	ㅠ				유	유		

※ これもはつおんはおなじですよ。

▶ 歯をかみながら声をだす

03

①→ ―	①↓ │
歯をかみながら 「う」	歯をかんで よこにひきながら 「い」

✓ 発音しながらかいてみよう。

―	―				으	으		
│	│				이	이		

※ これもはつおんはおなじですよ。

▶ よみながらかいてみよう。

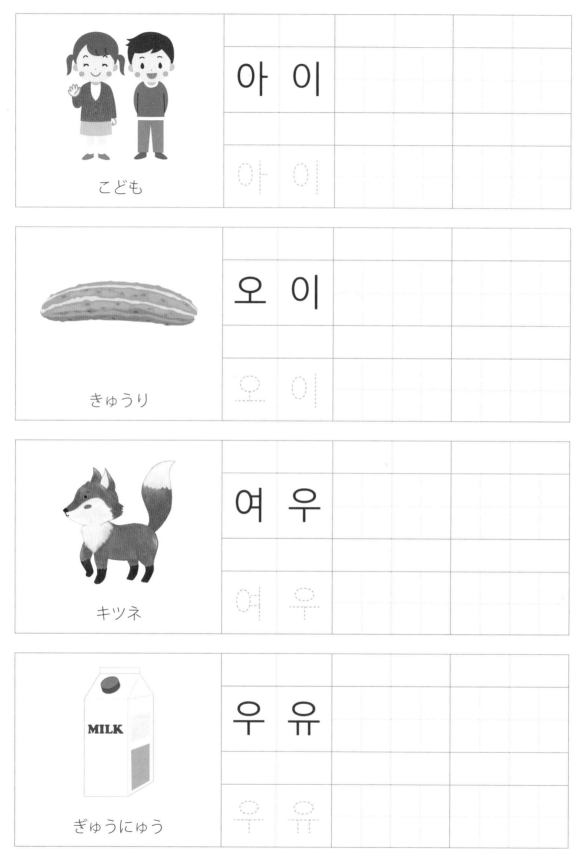

こども	아 이		
きゅうり	오 이		
キツネ	여 우		
ぎゅうにゅう	우 유		

子音（しいん）①

口<ruby>く<rt>くち</rt></ruby>のかたち	平音 <ruby><rt>へいおん</rt></ruby>	激音 <ruby><rt>げきおん</rt></ruby>	濃音 <ruby><rt>のうおん</rt></ruby>
喉を狭くする （のど せま）	ㄱ（軽く）	ㅋ（風をだす）	ㄲ （力を入れる）
舌を噛む （した か）	ㄴ（舌を挟む） ㄷ（舌を噛む） ㄹ（舌をまく）	ㅌ（風をだす）	ㄸ （力を入れる）
口を閉じる （くち と）	ㅁ（軽く） ㅂ（やや強く）	ㅍ（風をだす）	ㅃ （力を入れる）
歯を噛む （は か）	ㅅ（軽く） ㅈ（歯を噛んで横にひく）	ㅊ（風をだす）	ㅆ ㅉ （力を入れる）
口を開ける （くち あ）	ㅇ（軽く） ㅎ（口をあけて息をだす）		

▶ 平音（へいおん：ちからをいれずかるくいう）

①┐	①┗	②┏	②→ㄹ┐③→	②①↓ㅁ┐③→
きよっく	にうん	ていぐっつ	りうる	みうむ
가	나	다	라	마
か	な	た	ら	ま

ㄱ				가	가		
				가	가		
ㄴ				나	나		
				나	나		
ㄷ				다	다		
				다	다		
ㄹ				라	라		
				라	라		
ㅁ				마	마		
				마	마		

▶ 平音（へいおん：ちからをいれずかるくいう）

③→ ①↓ ㅂ ↓② ④→	① ㅅ ②	① ㅇ	① ㅈ ②	①→ ②→ ㅎ ③
ぴうっぷ	しおっつ	いうん	ちうっつ	ひうっつ
바	**사**	**아**	**자**	**하**
ぱ	さ	あ	ちゃ	は

ㅂ	ㅂ			바	바		
ㅂ	ㅂ			바	바		
ㅅ	ㅅ			사	사		
ㅅ	ㅅ			사	사		
ㅇ	ㅇ			아	아		
ㅇ	ㅇ			아	아		
ㅈ	ㅈ			자	자		
ㅈ	ㅈ			자	자		
ㅎ	ㅎ			하	하		
ㅎ	ㅎ			하	하		

▶ 激音（げきおん：かぜをだしながらつよくいう）

②①→ ③ ㅊ	② → ㅋ ①	①→ ③ ㅌ ②	②↓ ㅍ ↓③ ①→ ④→
ちうっつ	きうっく	ていうっつ	ぴうっぷ
차	**카**	**타**	**파**
ちゃ（は〜）	か（は〜）	た（は〜）	ぱ（は〜）

ㅊ	ㅊ				차	차			
ㅊ	ㅊ				차	차			
ㅋ	ㅋ				카	카			
ㅋ	ㅋ				카	카			
ㅌ	ㅌ				타	타			
ㅌ	ㅌ				타	타			
ㅍ	ㅍ				파	파			
ㅍ	ㅍ				파	파			

濃音（のうおん：つまったおとをみじかくいう）

ㄲ	ㄸ	ㅃ	ㅆ	ㅉ	🎧11
さん ぎょっく	さん でぃっぐっつ	さん びうっぷ	さん しおっつ	さん じうっつ	
까	따	빠	싸	짜	🎧12
っか	った	っぱ	っさ	っちゃ	

ㄲ	ㄲ			까	까			
	ㄲ	ㄲ			까	까		
ㄸ	ㄸ			따	따			
	ㄸ	ㄸ			따	따		
ㅃ	ㅃ			빠	빠			
	ㅃ	ㅃ			빠	빠		
ㅆ	ㅆ			싸	싸			
	ㅆ	ㅆ			싸	싸		
ㅉ	ㅉ			짜	짜			
	ㅉ	ㅉ			짜	짜		

▶ よみながらかいてみよう。

	나 라		
くに	나 라		

	바 다		
うみ	바 다		

	사 자		
ライオン	사 자		

	하 마		
カバ	하 마		

1-4

文字（もじ）①

✅ 子音 ＋ 母音

	ㅏ	ㅑ	ㅓ	ㅕ	ㅗ	ㅛ	ㅜ	ㅠ	ㅡ	ㅣ
ㄱ	가	갸	거	겨	고	교	구	규	그	기
ㄴ	나	냐	너	녀	노	뇨	누	뉴	느	니
ㄷ	다	댜	더	뎌	도	됴	두	듀	드	디
ㄹ	라	랴	러	려	로	료	루	류	르	리
ㅁ	마	먀	머	며	모	묘	무	뮤	므	미
ㅂ	바	뱌	버	벼	보	뵤	부	뷰	브	비
ㅅ	사	샤	서	셔	소	쇼	수	슈	스	시
ㅇ	아	야	어	여	오	요	우	유	으	이
ㅈ	자	쟈	저	져	조	죠	주	쥬	즈	지
ㅊ	차	챠	처	쳐	초	쵸	추	츄	츠	치
ㅋ	카	캬	커	켜	코	쿄	쿠	큐	크	키
ㅌ	타	탸	터	텨	토	툐	투	튜	트	티
ㅍ	파	퍄	퍼	펴	포	표	푸	퓨	프	피
ㅎ	하	햐	허	혀	호	효	후	휴	흐	히

14

가	か	가			갸	きゃ	갸		
나	な	나			냐	にゃ	냐		
다	た	다			댜	てぃゃ	댜		
라	ら	라			랴	りゃ	랴		
마	ま	마			먀	みゃ	먀		
바	ば	바			뱌	ぴゃ	뱌		
사	さ	사			샤	しゃ	샤		
아	あ	아			야	や	야		
자	ちゃ	자			쟈	ちゃ	쟈		
차	ちゃ (は)	차			챠	ちゃ	챠		
카	か (は)	카			캬	きゃ	캬		
타	た (は)	타			탸	てぃゃ	탸		
파	ぱ (は)	파			퍄	ぴゃ	퍄		
하	は	하			햐	ひゃ	햐		

15

	子音×ㅓ「お」				子音×ㅕ「よ」		
거	こ	거		겨	きょ	겨	
너	の	너		녀	にょ	녀	
더	と	더		뎌	ていょ	뎌	
러	ろ	러		려	りょ	려	
머	も	머		며	みょ	며	
버	ぽ	버		벼	ぴょ	벼	
서	そ	서		셔	しょ	셔	
어	お	어		여	ょ	여	
저	ちょ	저		져	ちょ	져	
처	ちょ	처		쳐	ちょ	쳐	
커	こ	커		켜	きょ	켜	
터	と	터		텨	ていょ	텨	
퍼	ぽ	퍼		펴	ぴょ	펴	
허	ほ	허		혀	ひょ	혀	

고	こ	고			교	きょ	교		
노	の	노			뇨	にょ	뇨		
도	と	도			됴	ていよ	됴		
로	ろ	로			료	りょ	료		
모	も	모			묘	みょ	묘		
보	ぽ	보			뵤	ぴょ	뵤		
소	そ	소			쇼	しょ	쇼		
오	お	오			요	よ	요		
조	ちょ	조			죠	ちょ	죠		
초	ちょ	초			쵸	ちょ	쵸		
코	こ	코			쿄	きょ	쿄		
토	と	토			툐	ていよ	툐		
포	ぽ	포			표	ぴょ	표		
호	ほ	호			효	ひょ	효		

子音 × ㅜ「う」

 子音 × ㅠ「ゆ」

20

21

구	く	ㅜ			규	きゅ	ㅠ		
누	ぬ	ㅜ			뉴	にゅ	ㅠ		
두	どぅ	ㅜ			듀	てぃゆ	ㅠ		
루	る	ㅜ			류	りゅ	ㅠ		
무	む	ㅜ			뮤	みゅ	ㅠ		
부	ぷ	ㅜ			뷰	ぴゅ	ㅠ		
수	す	ㅜ			슈	しゅ	ㅠ		
우	う	ㅜ			유	ゆ	ㅠ		
주	ちゅ	ㅜ			쥬	ちゅ	ㅠ		
추	ちゅ	ㅜ			츄	ちゅ	ㅠ		
쿠	く	ㅜ			큐	きゅ	ㅠ		
투	とぅ	ㅜ			튜	てぃゆ	ㅠ		
푸	ぷ	ㅜ			퓨	ぴゅ	ㅠ		
후	ふ	ㅜ			휴	ひゅ	ㅠ		

그	く				기	き			
느	ぬ				니	に			
드	どぅ				디	てぃ			
르	る				리	り			
므	む				미	み			
브	ぷ				비	ぴ			
스	す				시	し			
으	う				이	い			
즈	ちゅ				지	ち			
츠	ちゅ				치	ち			
크	く				키	き			
트	とぅ				티	てぃ			
프	ぷ				피	ぴ			
흐	ふ				히	ひ			

▶ <u>よみながらかいてみよう。</u>

き	나 무		
やきゅう	야 구		
あたま	머 리		
おんな、じょし	여 자		

▶ よみながらかいてみよう。

25

모 자		
모 자		

ぼうし

호 두		
호 두		

クルミ

바 지		
바 지		

ズボン

버 스		
버 스		

バス

▶ よみながらかいてみよう。

	휴 지		
トイレットペーパー	휴 지		

	고 추		
とうがらし	고 추		

	우 표		
きって	우 표		

	포 도		
ぶどう	포 도		

1-4 · 文字（もじ）① | **21**

▶ <u>よみながらかいてみよう。</u>

뽀 뽀 ちゅう			
꼬 리 しっぽ			
아 빠 パパ			
토 끼 ウサギ			

母音（ぼいん）②

✅ 活用母音（かつようぼいん）

▶ ㅐ ㅒ ㅔ ㅖ

28

①↓ㅐ↓③ ②→	②→ ①↓ㅒ↓④ ③→	②↓ㅔ↓③ →①	③↓ㅖ↓④ ①→ ②
日本語の 「え」	口を大きくあけて 「いぇ」	日本語の 「え」	口を大きくあけて 「いぇ」

ㅐ	ㅐ			애	애		
ㅒ	ㅒ			얘	얘		
ㅔ	ㅔ			에	에		
ㅖ	ㅖ			예	예		

▶ ㅘ ㅙ ㅚ ㅝ

①↓ ③ ②→ 와 →④	③↓ ④ ①↓ 왜 ②→	①↓ ③ ②→ 외	①→ ④ ②↓ 워 → ③→
日本語の 「わ」	口を突き出して 「うぇ」	口を突き出して 「うぇ」	日本語の 「うぉ」

ㅘ	ㅘ			와	와		
ㅙ	ㅙ			왜	왜		
ㅚ	ㅚ			외	외		
ㅝ	ㅝ			워	워		

▶ ㅞ ㅟ ㅢ

④↓ ⑤ ①→ 웨 ②↓ ③→	①→ ③ ②↓ 위	①→ ② 의
口を突き出して 「うぇ」	口を丸めて やや突き出して「うぃ」	歯をかんで 横にひきながら「うぃ」

ㅞ	ㅞ			웨	웨		
ㅟ	ㅟ			위	위		
ㅢ	ㅢ			의	의		

▶ よみながらかいてみよう。

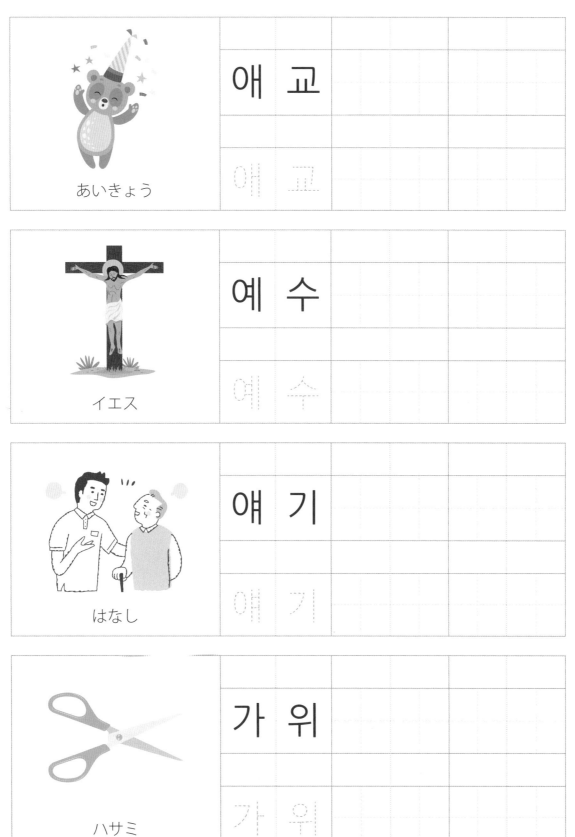

あいきょう	애 교		
イエス	예 수		
はなし	애 기		
ハサミ	가 위		

▶ **よみながらかいてみよう。**

32

	야 외		
やがい	야 외		

	와 이		
ワイ	와 이		

	샤 워		
シャワー	샤 워		

	의 사		
いしゃ	의 사		

文字（もじ）②

✓ 子音 ＋ 活用母音
<small>し いん</small>　<small>かつよう ぼ いん</small>

	ㅐ	ㅒ	ㅔ	ㅖ	ㅘ	ㅙ	ㅚ	ㅝ	ㅞ	ㅟ	ㅢ
ㄱ	개	걔	게	계	과	괘	괴	궈	궤	귀	긔
ㄴ	내	냬	네	녜	놔	놰	뇌	눠	눼	뉘	늬
ㄷ	대	댸	데	뎨	돠	돼	되	둬	뒈	뒤	듸
ㄹ	래	럐	레	례	롸	뢔	뢰	뤄	뤠	뤼	릐
ㅁ	매	먜	메	몌	뫄	뫠	뫼	뭐	뭬	뮈	믜
ㅂ	배	뱨	베	볘	봐	봬	뵈	붜	붸	뷔	븨
ㅅ	새	섀	세	셰	솨	쇄	쇠	숴	쉐	쉬	싀
ㅇ	애	얘	에	예	와	왜	외	워	웨	위	의
ㅈ	재	쟤	제	졔	좌	좨	죄	줘	줴	쥐	즤
ㅊ	채	챼	체	쳬	촤	쵀	최	춰	췌	취	츼
ㅋ	캐	컈	케	켸	콰	쾌	쾨	쿼	퀘	퀴	킈
ㅌ	태	턔	테	톄	톼	퇘	퇴	퉈	퉤	튀	틔
ㅍ	패	퍠	페	폐	퐈	퐤	푀	풔	풰	퓌	픠
ㅎ	해	햬	헤	혜	화	홰	회	훠	훼	휘	희

▶ 子音 × ㅐ「え」

🎧 33

▶ 子音 × ㅔ「え」

🎧 34

개	け	개			게	け	게	
내	ね	내			네	ね	네	
대	て	대			데	て	데	
래	れ	래			레	れ	레	
매	め	매			메	め	메	
배	ぺ	배			베	ぺ	베	
새	せ	새			세	せ	세	
애	え	애			에	え	에	
재	ちぇ	재			제	ちぇ	제	
채	ちぇ	채			체	ちぇ	체	
캐	け	캐			케	け	케	
태	て	태			테	て	테	
패	ぺ	패			페	ぺ	페	
해	へ	해			헤	へ	헤	

▶ 子音 × ㅐ 「いぇ」				▶ 子音 × ㅖ 「いぇ」			
개 け				계 け			
내 ね				녜 ね			
대 て				뎨 て			
래 りぇ				례 りぇ			
매 め				몌 め			
배 ぺ				볘 ぺ			
새 しぇ				셰 しぇ			
애 いぇ				예 いぇ			
재 ちぇ				졔 ちぇ			
채 ちぇ				쳬 ちぇ			
캐 け				켸 け			
태 て				톄 て			
패 ぺ				폐 ぺ			
해 へ				혜 へ			

※ あかもじ：いいやすくかえます。

37　　38

과	くゎ	과			괘	くぇ	괘		
놔	ぬゎ	놔			놰	ぬぇ	놰		
똬	とうゎ	똬			뙈	とうぇ	뙈		
롸	るゎ	롸			뢔	るぇ	뢔		
뫄	むゎ	뫄			뫠	むぇ	뫠		
봐	ぷゎ	봐			봬	ぷぇ	봬		
솨	すゎ	솨			쇄	すぇ	쇄		
와	ゎ	와			왜	うぇ	왜		
좌	ちゅゎ	좌			좨	ちゅぇ	좨		
촤	ちゅゎ	촤			쵀	ちゅぇ	쵀		
콰	くゎ	콰			쾌	くぇ	쾌		
톼	とうゎ	톼			퇘	とうぇ	퇘		
퐈	ぷゎ	퐈			퐤	ぷぇ	퐤		
화	ふゎ	화			홰	ふぇ	홰		

▶ 子音 × ㅚ「うぇ」　　　▶ 子音 × ㅞ「うぇ」

괴	くぇ				궤	くぇ			
뇌	ぬぇ				눼	ぬぇ			
되	とうぇ				뒈	とうぇ			
뢰	るぇ				뤠	るぇ			
뫼	むぇ				뭬	むぇ			
뵈	ぷぇ				붸	ぷぇ			
쇠	すぇ				쉐	すぇ			
외	うぇ				웨	うぇ			
죄	ちゅぇ				줴	ちゅぇ			
최	ちゅぇ				췌	ちゅぇ			
쾨	くぇ				퀘	くぇ			
퇴	とうぇ				퉤	とうぇ			
푀	ぷぇ				풰	ぷぇ			
회	ふぇ				훼	ふぇ			

▶ 子音 × ㅝ 「うぉ」

41 🎧

궈	くぉ	궈		
눠	ぬぉ	눠		
둬	とぅぉ	둬		
뤄	るぉ	뤄		
뭐	むぉ	뭐		
붜	ぷぉ	붜		
쉬	すぉ	쉬		
워	うぉ	워		
줘	ちゅぉ	줘		
춰	ちゅぉ	춰		
쿼	くぉ	쿼		
퉈	とぅぉ	퉈		
풔	ぷぉ	풔		
훠	ふぉ	훠		

▶ 子音 × ㅟ 「うぃ」

42 🎧

귀	くぃ	귀		
뉘	ぬぃ	뉘		
뒤	とぅぃ	뒤		
뤼	るぃ	뤼		
뮈	むぃ	뮈		
뷔	ぷぃ	뷔		
쉬	しゅぃ	쉬		
위	うぃ	위		
쥐	ちゅぃ	쥐		
취	ちゅぃ	취		
퀴	くぃ	퀴		
튀	とぅぃ	튀		
퓌	ぷぃ	퓌		
휘	ふぃ	휘		

▶ 子音 × ㅢ「うぃ」

긔	き			
늬	に			
듸	てぃ			
릐	り			
믜	み			
븨	ぴ			
싀	し			
의	うぃ			
즤	ち			
츼	ち			
킈	き			
틔	てぃ			
픠	ぴ			
희	ひ			

※ あかもじ：いいやすくかえます。

▶ **よみながらかいてみよう。**

 うた	노 래 노 래		
 みせ	가 게 가 게		
 ガチョウ	거 위 거 위		
 りんご	사 과 사 과		

▶ よみながらかいてみよう。

▶ よみながらかいてみよう。

45

	야 채		
やさい			
	야 채		

	세 계		
せかい			
	세 계		

	취 미		
しゅみ			
	취 미		

	과 자		
おかし			
	과 자		

▶ <u>よみながらかいてみよう。</u>

돼 지			
돼 지 (ぶた)			
교 회			
교 회 (きょうかい)			
유 쾌			
유 쾌 (ゆかい)			
의 자			
의 자 (いす)			

子音（しいん）②

밤	しいん 子音	ぼいん 母音
	ぱっちむ （子音）	

흙	しいん 子音
	ぼいん 母音
	ぱっちむ （子音）

▶ 口をあけて、のどをつよくつまらせる

ㄱ	ㅋ	ㄲ	ㄳ	ㄺ

47

 がっこう	학	교	 かぞく	가	족

 つり	낚	시	 だいどころ	부	엌

▶ 舌_{した}をつよくかむ

ㄷ	ㅌ	ㅅ	ㅆ	ㅈ	ㅊ	ㅎ

48

	햇 빛		걷 다
にっこう		あるく	

	벚 꽃		좋 다
さくら		よい	

▶ 口をつよくとじる

ㅂ	ㅍ	ㅄ	ㄿ

49

	집		앞
いえ		まえ	

▶ 舌をかるくかむ

ㄴ	ㄴㅈ	ㄴㅎ

50 🎧

	돈		손
おかね		て	

▶ 歯をかんで舌をまく

ㄹ	ㄹㅂ	ㄹㅅ	ㄹㅌ	ㄹㅎ

51 🎧

	달		별
つき		ほし	

	물		글 자
みず		もじ	

▶ 口をかるくとじる

ㅁ	ㄹㅁ

	곰		침	대
クマ			ベッド	

김	치		염	소
キムチ			ヤギ	

▶ 口をおおきくあける

ㅇ

	빵		가	방
パン			かばん	

1-8

にほんごをハングルでかく

あ	い	う	え	お	아	이	우	에	오
か	き	く	け	こ	가/카	기/키	구/쿠	게/케	고/코
さ	し	す	せ	そ	사	시	스	세	소
た	ち	つ	て	と	다/타	지/치	쓰	데/테	도/토
な	に	ぬ	ね	の	나	니	누	네	노
は	ひ	ふ	へ	ほ	하	히	후	헤	호
ま	み	む	め	も	마	미	무	메	모
や		ゆ		よ	야		유		요
ら	り	る	れ	ろ	라	리	루	레	로
わ				を	와				오

※ ハングルが２つある「か・た行」は、いちばんめは左（ひだり）をつかう。

れい：たたみ → 다타미, くく → 구쿠

が	ぎ	ぐ	げ	ご	가	기	구	게	고
ざ	じ	ず	ぜ	ぞ	자	지	즈	제	조
だ	ぢ	づ	で	ど	다	지	즈	데	도
ば	び	ぶ	べ	ぼ	바	비	부	베	보
ぱ	ぴ	ぷ	ぺ	ぽ	파	피	푸	페	포

きゃ	きゅ	きょ	갸/캬	규/큐	교/쿄
しゃ	しゅ	しょ	샤	슈	쇼
ちゃ	ちゅ	ちょ	자/차	주/추	조/초
ひゃ	ひゅ	ひょ	햐	휴	효
みゃ	みゅ	みょ	먀	뮤	묘
りゃ	りゅ	りょ	랴	류	료

ぎゃ	ぎゅ	ぎょ	갸	규	교
じゃ	じゅ	じょ	자	주	조
びゃ	びゅ	びょ	뱌	뷰	뵤
ぴゃ	ぴゅ	ぴょ	퍄	퓨	표

・	っ	→	ぱっちむ ㅅ	れい： べっぷ	→ 벳푸
・	ん	→	ぱっちむ ㄴ	れい： せんだい	→ 센다이
・	ー	→	かかない	れい： きゅうしゅう	→ 규슈

▶ **なまえをかいてみよう。**

みょうじ	なまえ	みょうじ	なまえ
べっき	きょうこ		
벳키	교코		

▶ にほんごをハングルでかいてみよう。

ほっかいどう	とうきょうと	おおさかふ
なごやし	しこく	きゅうしゅう
ふくおかけん	おおいたけん	おきなわけん
すし	なっとう	とんこつ
すきやき	やきとり	らーめん
たこやき	うめぼし	おこのみやき
すずき	ほんだ	みつびし
にっさん	すばる	とよた

※ かいとうはうしろにかいています。

홋카이도	도쿄토	오사카후
나고야시	시코쿠	규슈
후쿠오카켄	오이타켄	오키나와켄
스시	낫토	돈코쓰
스키야키	야키토리	라멘
다코야키	우메보시	오코노미야키
스즈키	혼다	미쓰비시
닛산	스바루	도요타

にゅうもん
入門

もくじ

2-1

안녕하세요? こんにちは。

▶ よんでみよう。

54

가:	안	녕	?			나:	안	녕	?		
	こんにちは。（ともだちに）						こんにちは。				
가:	안	녕	하	세	요 ?	나:	안	녕	하	세	요 ?
	こんにちは。（ていねいに）						こんにちは。				
가:	밥		먹	었	어 요 ?	나:	네 ,	먹	었	어	요 .
	ごはん、たべましたか。（げんきですか）						はい。たべました。（げんきです）				

YOU CAN DO IT

할수있어요

당신을
응원합니다

55

가:	안	녕	~				나:	안	녕	~			
	さようなら。（ともだちに）							さようなら。					
가:	안	녕	히		계	세	요.	나:	안	녕	히		가	세	요.
さようなら。（そこでゆっくりしてください）							さようなら。（きをつけてかえってください）						
							나:	조	심	해	서		가	세	요.
							（あぶないから）きをつけてかえってください。						

56

가:	감	사	합	니	다	.	가:	미	안	합	니	다	.
	感謝（かんしゃ）します。							すみません。					
가:	고	마	워	요	.		가:	미	안	해	요	.	
	ありがとうございます。							ごめんなさい。					

57

가:	괜	찮	아	요	?		나:	네	,	괜	찮	아	요	.
	だいじょうぶですか。							はい。だいじょうぶです。						
가:	됐	어	요	?			나:	네	,	됐	어	요	.	
	（もう）いいですか。							はい。（もう）いいです。						

58

가:	배	고	파	요	.	잘		먹	겠	습	니	다	.	
	お腹 (なか) すきました。いただきます。													
가:	배	불	러	요	.	잘			먹	었	습	니	다	.
	お腹 (なか) いっぱいです。ごちそうさまでした。													

가:	맛	있	어	요	.		가:	맛	없	어	요	.
	おいしいです。							まずいです。				

▶ **なぞってみよう。そして、よみながらかいてみよう。**

가:	안	녕	?						
가:									

こんにちは。

나:	안	녕	하	세	요	?			
나:									

こんにちは。

가:	밥		먹	었	어	요	?		
가:									

ごはん、たべましたか。

나:	네	,	먹	었	어	요	.		
나:									

はい。たべました。

가:	안	녕	~		나:	안	녕	~	
가:					나:				

さようなら。 さようなら。

가: 안녕히 계세요.

가:

さようなら。（そこでゆっくりしてください）

나: 안녕히 가세요.

나:

さようなら。（きをつけてかえってください）

나: 조심해서 가세요.

나:

（あぶないから）きをつけてかえってください。

가: 고마워요.

가:

ありがとうございます。

가: 미안해요.

가:

ごめんなさい。

가:	감	사	합	니	다	.				
가:										

感謝 (かんしゃ) します。

가:	미	안	합	니	다	.				
가:										

すみません。

가:	괜	찮	아	요	?					
가:										

だいじょうぶですか。

나:	네	,	괜	찮	아	요	.			
나:										

はい。だいじょうぶです。

가:	됐	어	요	?						
가:										

(もう) いいですか。

나:	네	,	됐	어	요	.				
나:										

はい。（もう）いいです。

가:	배	고	파	요	.	잘		먹	겠	습	니	다	.
가:													

お腹(なか)すきました。いただきます。

가:	배	불	러	요	.	잘		먹	었	습	니	다	.
가:													

お腹(なか)いっぱいです。ごちそうさまでした。

가:	맛	있	어	요	?	나:	맛	있	어	요	.
가:						나:					

おいしいですか。 　　　　おいしいです。

가:	맛	없	어	요	?	나:	맛	없	어	요	.
가:						나:					

まずいですか。 　　　　まずいです。

韓国はどんな国①

国のなまえ

韓国の正式な言い方は「大韓民国：대한민국（テハンミングック）」ですが、短く「韓国：한국（ハングック）」と言います。

首都 首都はソウルで、第2首都は釜山です。

国旗 国旗は太極旗（テグッキ）と言います。白の背景に、円の中は赤と青、黒の3〜6本の線でつくられています。

国花 国花は無窮花（ムグンファ）です。

太極旗（テグッキ）

無窮花（ムグンファ）

이게 뭐예요? これ（が）なんですか。

▶ まなんでみよう。

これ（が）이게	그게（が）그게	あれ（が）저게	なに 뭐
～です／～ですか （ぱっちむなし）예요 （ぱっちむあり）이에요			

가: 이게 뭐예요?	나: 시계예요.
가: 그게 뭐예요?	나: 책상이에요.
가: 저게 뭐예요?	나: 가방이에요.

▶ よんでみよう。

59

책상	의자	가방	시계
지우개	자	풀	필통
교과서	책	공책	사전
가위	칼	연필	색종이

▶ **よみながらかいてみよう。**

책 상	의 자	가 방	시 계
つくえ	いす	かばん	とけい
지 우 개 자		품	필 통
けしごむ	じょうぎ	のり	ふでばこ
교 과 서 책		공 책	사 전
きょうかしょ	ほん	ノート	じしょ
가 위	칼	연 필	색 종 이
はさみ	カッター	えんぴつ	いろがみ

▶ **よみながらかいてみよう。**

60

① これ（が）なんですか。	가 : 이게 뭐예요?
とけいです。	나 : 시계예요.
②	가 :
えんぴつ	나 :
③	가 :
じょうぎ	나 :
④	가 :
けしごむ	나 :
⑤	가 :
はさみ	나 :
⑥ それ（が）なんですか。	가 : 그게 뭐예요?
つくえです。	나 : 책상이에요.
⑦	가 :
いす	나 :

⑧ じしょ	가: 나:
⑨ ノート	가: 나:
⑩ とけい	가: 나:
⑪ あれ（が）なんですか。 **かばんです。**	가: 저게 뭐예요? 나: 가방이에요.
⑫ のり	가: 나:
⑬ ふでばこ	가: 나:
⑭ きょうかしょ	가: 나:
⑮ ほん	가: 나:

▶ **たんごをゆびでさしながら、はなしてみよう。**

가: 이게 뭐예요?	나: _____예요. / 이에요.
가: 그게 뭐예요?	나: _____예요. / 이에요.
가: 저게 뭐예요?	나: _____예요. / 이에요.

つくえ	いす	かばん	とけい
けしごむ	じょうぎ	のり	ふでばこ
きょうかしょ	ほん	ノート	じしょ
はさみ	カッター	えんぴつ	いろがみ

韓国はどんな国②

国の大きさ

韓国の大きさは約 100,363㎢で、日本（378,000㎢）の約 4 分の 1 です。北にあるソウルから南にある釜山まで高速列車で約 2 時間半かかります。

人口

人口は 5,175 万人（2021 年）で、日本（12,570 万人）の半分もいません。また、首都のソウルは約 940 万人、ソウル周辺の首都圏には人口の約半分（2,601 万人）が暮らしています。

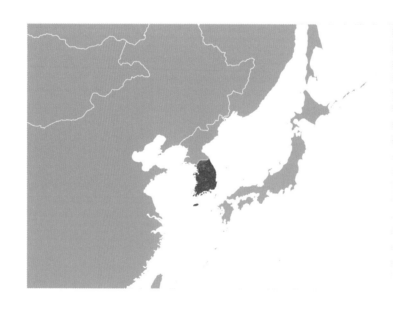

2-3

네, 수박이에요. はい。すいかです。

▶ **まなんでみよう。**

· はい　　예 > 네	· いいえ　　아니요 > 아뇨
가: 이게 뭐예요?	나: 바나나예요.
가: 그게 수박이에요?	나: 네, 수박이에요.
가: 저게 과일이에요?	나: 아뇨, 야채예요.

▶ **よんでみよう。**

과일	사과	딸기	감
수박	복숭아	배	귤
야채 = 채소	감자	고구마	양파
고추	오이	배추	파

▶ よみながらかいてみよう。

과 일	사 과	딸 기	감
くだもの	りんご	いちご	かき
수 박	복 숭 아	배	귤
すいか	もも	なし	みかん
야 채	감 자	고 구 마	양 파
やさい	じゃがいも	さつまいも	たまねぎ
고 추	오 이	배 추	파
とうがらし	きゅうり	はくさい	ねぎ

▶ <u>よみながらかいてみよう。</u>

① これ（が）なんですか。	가 : <u>이게 뭐예요?</u>
バナナです。	나 : <u>바나나예요.</u>
② それ（が）	가 :
くだもの	나 :
③ あれ（が）	가 :
いちご	나 :
④ これ（が）	가 :
やさい	나 :
⑤ それ（が）	가 :
ねぎ	나 :
⑥ それ（が）すいかですか。	가 : <u>그게 수박이에요?</u>
はい、すいかです。	나 : <u>네, 수박이에요.</u>
⑦ あれ（が）かき	가 :
	나 :

⑧ これ（が）りんご	가 : 나 :
⑨ それ（が）じゃがいも	가 : 나 :
⑩ あれ（が）はくさい	가 : 나 :
⑪ あれ（が）くだものですか。 いいえ、やさいです。	가 : 저게 과일이에요? 나 : 아뇨, 야채예요.
⑫ これ（が）もも たまねぎ	가 : 나 :
⑬ それ（が）なし みかん	가 : 나 :
⑭ あれ（が）とうがらし きゅうり	가 : 나 :
⑮ これ（が）さつまいも じゃがいも	가 : 나 :

たんごをゆびでさしながら、はなしてみよう。

가: 이게 뭐예요?	나: _____예요. / 이에요.
가: 그게 _____예요. / 이에요?	나: 네, _____예요. / 이에요.
가: 저게 _____예요. / 이에요?	나: 아뇨, _____예요. / 이에요.

くだもの	りんご	いちご	かき
すいか	もも	なし	みかん
やさい	じゃがいも	さつまいも	たまねぎ
とうがらし	きゅうり	はくさい	ねぎ

愛国歌
あいこく か

韓国の国歌は「愛国歌；エグッカ」と言います。
かんこく　　こっか　　　　　　　　　　　　　　　い

これは、「国を愛する歌」という意味です。1節から4節まであります。
くに　あい　うた　　　　　　いみ　　　　せつ　　　　せつ

1節：
せつ

동해 물과 백두산이 마르고 닳도록

東海の水と白頭山が乾き果て、磨り減る
とうかい　みず　はくとうさん　かわ　は　　　　　す　へ
時まで
とき

하느님이 보우하사 우리나라 만세

神様の御加護ある我が国万歳
かみさま　み か ご　　わ　　くにばんざい
（くりかえし）

무궁화 삼천리 화려 강산

無窮花、三千里の華麗な山河
む きゅう げ　　さんぜん り　　かれい　　さん が
대한 사람 대한으로 길이 보전하세

大韓人よ、大韓を以て永久に保全せよ
だいかんじん　　　だいかん　にもって　えいきゅう　ほ ぜん

2節：
せつ

남산 위에 저 소나무 철갑을 두른 듯

南山にかの松の木、鉄甲をまとったごとく
なむさん　　　　まつ　き　　てっこう
바람 서리 불변함은 우리 기상일세

風霜の不変なるはわれらが気なり
ふうそう　　ふ へん　　　　　　　　　　き
（くりかえし）

3節：
せつ

가을 하늘 공활한데 높고 구름 없이

秋空広いが高くて雲なく
あきぞらひろ　　　たか　　　くも
밝은 달은 우리 가슴 일편단심일세

明るき月は我らが胸中の一筋なるなり
あか　　つき　われ　　きょうちゅう　ひとすじ
（くりかえし）

4節：
せつ

이 기상과 이 맘으로 충성을 다하여

この気とこの心で忠誠を尽くし
き　　　　こころ ちゅうせい　つ
괴로우나 즐거우나 나라 사랑하세

苦しくとも楽しくとも国を愛せん
くる　　　　たの　　　　　くに　あい
（くりかえし）

2-4

여기가 어디예요? ここがどこですか。

▶ **まなんでみよう。**

ここ 여기	そこ 거기	あそこ 저기	どこ 어디
〜が	（ぱっちむ**なし**）가		（ぱっちむ**あり**）이

가: 여기가 어디예요?	나: 교실이에요.
가: 도서관이 어디예요?	나: 거기예요.

▶ **よんでみよう。**

63

학교	교실	도서관	수영장
집	방	부엌	목욕탕
화장실	가게	병원	공원
우체국	은행	편의점	백화점

▶ よみながらかいてみよう。

학 교	교 실	도 서 관	수 영 장
がっこう	きょうしつ	としょかん	プール
집	방	부 엌	목 욕 탕
いえ	へや	だいどころ	おふろ
화 장 실	가 게	병 원	공 원
トイレ	みせ	びょういん	こうえん
우 체 국	은 행	편 의 점	백 화 점
ゆうびんきょく	ぎんこう	コンビニ	デパート

▶ <u>よみながらかいてみよう。</u>

① ここがどこですか。	가 : <u>여기가</u> 어디예요?
きょうしつです。	나 : <u>교실</u>이에요.
② そこ	가 :
としょかん	나 :
③ あそこ	가 :
プール	나 :
④ ここ	가 :
だいどころ	나 :
⑤ そこ	가 :
トイレ	나 :
⑥ あそこ	가 :
こうえん	나 :
⑦ ここ	가 :
みせ	나 :

⑧ へやがどこですか。	가: 방이 어디예요?
ここです。	나: 여기예요.
⑨ ぎんこう	가:
そこ	나:
⑩ デパート	가:
あそこ	나:
⑪ おふろ	가:
ここ	나:
⑫ びょういん	가:
そこ	나:
⑬ ゆうびんきょく	가:
あそこ	나:
⑭ コンビニ	가:
ここ	나:

▶ たんごをゆびでさしながら、はなしてみよう。

가: <u>여기</u>가 어디예요?	나: _____ 예요. / 이에요.
거기 / 저기	
가: _____ 이/가 어디예요?	나: <u>거기</u>예요. / 이에요.
	여기 / 저기

がっこう	きょうしつ	としょかん	プール
いえ	へや	だいどころ	おふろ
トイレ	みせ	びょういん	こうえん
ゆうびんきょく	ぎんこう	コンビニ	デパート

行政区域
ぎょうせいくいき

日本は都・道・府・県と市・町・村ですが、韓国は道・市・郡・区・
にほん と どう ふ けん し ちょう そん かんこく と し ぐん く
邑・面・洞にわけられます。韓国の「道」は日本の都道府県にあた
うっぷ みょん どん かんこく どう にほん とどうふけん
ります。

韓国は、1つの特別市、6つの広域市、1つの特別自治市、6つの
かんこく とくべつし こういきし とくべつじちし
道、3つの特別自治道があります。
どう とくべつじちどう

교실에 뭐가 있어요? きょうしつになにがありますか。

▶ <u>まなんでみよう。</u>

～（ばしょ）に ～에	あります　　　있어요.	ありません　　없어요.
	ありますか　있어요?	ありませんか　없어요?

가: <u>교실</u>에 뭐가 **있어요?**	나: <u>책상</u>이 **있어요.**
가: <u>방</u>에 <u>침대</u>가 **있어요?**	나: 아뇨, <u>침대</u>가 **없어요.**

▶ <u>よんでみよう。</u>

65

그림	달력	가구	침대
소파	식탁	옷장	서랍
이불	베개	피아노	컴퓨터
텔레비전	청소기	세탁기	냉장고

よみながらかいてみよう。

그 림	달 력	가 구	침 대
絵（え）	カレンダー	かぐ	ベッド
소 파	식 탁	옷 장	서 랍
ソファー	しょくたく	タンス	ひきだし
이 불	베 개	피 아 노	컴 퓨 터
ふとん	まくら	ピアノ	コンピューター
텔 레 비 전	청 소 기	세 탁 기	냉 장 고
テレビ	そうじき	せんたくき	れいぞうこ

▶ <u>よみながらかいてみよう。</u>

① きょうしつになにが ありますか。	가 : <u>교실</u>에 뭐가 있어요?
つくえがあります。	나 : <u>책상</u>이 있어요.
② がっこう	가 :
プール	나 :
③ としょかん	가 :
絵（え）	나 :
④ へや	가 :
カレンダー	나 :
⑤ いえ	가 :
おふろ	나 :
⑥ だいどころ	가 :
れいぞうこ	나 :
⑦ こうえん	가 :
トイレ	나 :

⑧ へやにベッドがありますか。 いいえ、ベッドがありません。	**가** : 방에 침대가 있어요? **나** : 아뇨, 침대가 없어요.
⑨ へや／テレビ	**가** : **나** :
⑩ だいどころ／しょくたく	**가** : **나** :
⑪ おふろ／せんたくき	**가** : **나** :
⑫ きょうしつ／コンピューター	**가** : **나** :
⑬ トイレ／そうじき	**가** : **나** :
⑭ コンビニ／ふとん	**가** : **나** :

▶ **たんごをゆびでさしながら、はなしてみよう。**

가: <u>교실</u>에 뭐가 있어요?	나: _____이/가 있어요.
가: 방에 _____이/가 있어요?	나: 아뇨, _____이/가 없어요.

[2-4 のたんご]

학교	교실	도서관	수영장	집	방	부엌	목욕탕
화장실	가게	병원	공원	우체국	은행	편의점	백화점

絵（え）	カレンダー	かぐ	ベッド
ソファー	しょくたく	タンス	ひきだし
ふとん	まくら	ピアノ	コンピューター
テレビ	そうじき	せんたくき	れいぞうこ

韓国について 5

通貨

韓国のお金は「ウォン」です。硬貨と紙幣があります。

現在発行されている硬貨は 10 ウォン、50 ウォン、100 ウォン、500 ウォンの 4 種類です。また、紙幣も、1,000 ウォン、5,000 ウォン、1 万ウォン、5 万ウォンの 4 種類があります。お金には韓国人が尊敬する世宗（せじょん）大王と学者や画家、100 ウォン硬貨にはイ・スンシン将軍が描かれています。

1000 ウォンは日本円で約 110 円（2024 年 2 月）です。

2-6

운동을 좋아해요? うんどうがすきですか。

▶ **まなんでみよう。**

~がすきです（か）	를 좋아해요. (?)	~がきらいです（か）	를 싫어해요. (?)
	을 좋아해요. (?)		을 싫어해요. (?)

가: 뭐를 좋아해요?	나: 운동을 좋아해요.
가: 음악을 좋아해요?	나: 음악을 싫어해요.

▶ **よんでみよう。**

67

운동	축구	야구	농구
배구	탁구	등산	수영
육상	태권도	유도	검도
영화	음악	드라마	댄스 = 춤

▶ **よみながらかいてみよう。**

운동	축구	야구	농구
うんどう	サッカー	やきゅう	バスケットボール
배구	탁구	등산	수영
バレーボール	たっきゅう	とざん	すいえい
육상	태권도	유도	검도
りくじょう	テコンドー	じゅうどう	けんどう
영화	음악	드라마	댄스=춤
えいが	おんがく	ドラマ	ダンス＝おどり

▶ <u>よみながらかいてみよう。</u>

① なにがすきですか。	가: 뭐를 좋아해요?
うんどうがすきです。	나: <u>운동을</u> 좋아해요.
②	가:
えいが	나:
③	가:
ドラマ	나:
④	가:
ダンス	나:
⑤	가:
すいえい	나:
⑥	가:
テコンドー	나:
⑦	가:
りくじょう	나:

⑧ おんがくがすきですか。	**가:** 음악을 좋아해요?
いいえ、おんがくがきらいです。	**나:** 아뇨, 음악을 싫어해요.
⑨ サッカー	**가:**
	나:
⑩ やきゅう	**가:**
	나:
⑪ バスケットボール	**가:**
	나:
⑫ バレーボール	**가:**
	나:
⑬ たっきゅう	**가:**
	나:
⑭ けんどう	**가:**
	나:

▶ たんごをゆびでさしながら、はなしてみよう。

가: 뭐를 좋아해요?	나: _____를/을 좋아해요.
가: _____를/을 좋아해요?	나: _____를/을 싫어해요.

うんどう	サッカー	やきゅう	バスケット ボール
バレーボール	たっきゅう	とざん	すいえい
りくじょう	テコンドー	じゅうどう	けんどう
えいが	おんがく	ドラマ	ダンス=おどり

こっか きねんび
国家記念日

▶ **三一節（さむいるじょる）3月1日**

にほん とうちか お どくりつうんどう きねん ひ
1919 年 3 月 1 日、日本の統治下で起きた独立運動を記念する日

▶ **制憲節（ちぇほんじょる）7月17日**

かんこく けんぽう こうふ きねん ひ
韓国の憲法の公布を記念する日

▶ **光復節（くぁんぼくじょる）8月15日**

にほん しょくみんちとうち どくりつ きねん ひ
1945 年 8 月 15 日、日本の植民地統治からの独立を記念する日

▶ **開天節（けちょんじょる）10月3日**

かんこくみんぞく さいしょ こっか こちょうせん けんこく きねん ひ
韓国民族の最初の国家である古朝鮮の建国を記念する日

▶ **ハングルの日　10月9日**

だいおう こうせき
ハングルをつくった世宗 (セジョン) 大王の功績をたたえて、ハ
ふきゅう けんきゅう しょうれい してい きねんび
ングルの普及・研究を奨励するために指定した記念日

뭐가 좋아요? なにがいいですか。

▶ **まなんでみよう。**

~がいいです（か）	가 좋아요. (?)	~がきらい （いや） です（か）	가 싫어요. (?)
	이 좋아요. (?)		이 싫어요. (?)

가: 뭐가 좋아요?	나: <u>사탕</u>이 좋아요.
가: 뭐가 싫어요?	나: <u>과자</u>가 싫어요.
가: <u>초콜릿</u>이 맛있어요?	나: 아뇨, 맛없어요.

▶ **よんでみよう。**

69

▶ **よみながらかいてみよう。**

사탕	과자	초콜릿	떡볶이
あめ	おかし	チョコレート	トッポギ
우동	라면	자장면	짬뽕
うどん	ラーメン	ジャージャーめん	ちゃんぽん
만두	오뎅	김밥	비빔밥
ぎょうざ	おでん	キンパプ	ビビンパ
밥	반찬	국	김치
ごはん	おかず	汁（しる）	キムチ

▶ **よみながらかいてみよう。**

① なにがいいですか。	**가:** 뭐가 좋아요?
あめがいいです。	**나:** 사탕이 좋아요.
②	**가:**
ごはん	**나:**
③	**가:**
キムチ	**나:**
④	**가:**
トッポギ	**나:**
⑤	**가:**
ラーメン	**나:**
⑥ なにがきらい（いや）ですか。	**가:** 뭐가 싫어요?
おかしがきらい（いや）です。	**나:** 과자가 싫어요.
⑦	**가:**
うどん	**나:**

⑧ キンパプ	가: 나:
⑨ ぎょうざ	가: 나:
⑩ ジャージャーめん	가: 나:
⑪ チョコレートがおいしいですか。	가: 초콜릿이 맛있어요?
いいえ、まずいです。	나: 아뇨, 맛없어요.
⑫ ちゃんぽん	가: 나:
⑬ 汁（しる）	가: 나:
⑭ おかず	가: 나:

▶ たんごをゆびでさしながら、はなしてみよう。

가: 뭐가 좋아요?	나: _____이/가 좋아요.
가: 뭐가 싫어요?	나: _____이/가 싫어요.
가: _____이/가 맛있어요?	나: 아뇨, 맛없어요.

あめ	おかし	チョコレート	トッポギ
うどん	ラーメン	ジャージャーめん	ちゃんぽん
ぎょうざ	おでん	キンパプ	ビビンパ
ごはん	おかず	汁（しる）	キムチ

韓国について 7

韓服

韓国の伝統衣装を「韓服（はんぼっく）」と言います。

韓国は調和を重視するため、韓服（はんぼっく）にも直線と曲線が調和しています。また、ゆったりしているので着やすいです。

伝統的な韓服にはポケットがありません。

韓服は上と下がわかれています。男性はパジ（ズボン）とチョゴリ（上着）、女性はチマ（スカート）とチョゴリ（上着）になっています。

동생은 어디에 가요? おとうとはどこにいきますか。

▶ **まなんでみよう。**

どこ	～は		たんご（どうし）		～ます	～ますか
어디	（ぱっちむ**なし**）는	가다	いく		가요.	가요?
	（ぱっちむ**あり**）은	살다	すむ		살아요.	살아요?

가: <u>동생은</u> 어디에 **가요?**	나: <u>일본</u>에 **가요.**
가: <u>친구</u>는 어디에 **살아요?**	나: <u>서울</u>에 **살아요.**

▶ **よんでみよう。** 71

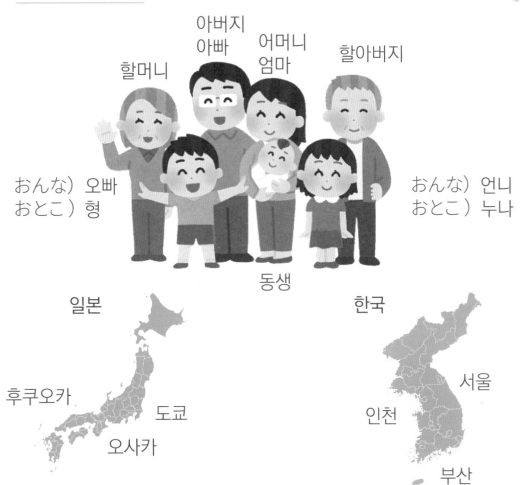

할머니　아버지/아빠　어머니/엄마　할아버지

おんな）오빠　おとこ）형

おんな）언니　おとこ）누나

동생

일본　한국

후쿠오카　도쿄　오사카　인천　서울　부산

▶ よみながらかいてみよう。

할아버지	할머니	아버지 아빠	어머니 엄마
おじいさん	おばあさん	おとうさん／パパ	おかあさん／ママ
언니누나	오빠	형동생	친구
あね （おんな／おとこ）	あに （おんな／おとこ）	おとうと＝いもうと	ともだち
한국	서울	부산	인천
かんこく	ソウル	プサン	インチョン
일본	도쿄	오사카	후쿠오카
にほん	とうきょう	おおさか	ふくおか

▶ **よみながらかいてみよう。**

① おとうと / いもうとは どこにいきますか。	**가**: 동생은 어디에 가요?
にほんにいきます。	**나**: 일본에 가요.
② おじいさん	**가**:
かんこく	**나**:
③ おばあさん	**가**:
とうきょう	**나**:
④ パパ	**가**:
ソウル	**나**:
⑤ ママ	**가**:
プサン	**나**:
⑥ あね（おんな）	**가**:
おおさか	**나**:
⑦ あに（おんな）	**가**:
ふくおか	**나**:

⑧ ともだちはどこにすみ ますか。	가:	친구는 어디에 살아요?
ソウルにすみます。	나:	서울에 살아요.
⑨ おとうさん	가:	
とうきょう	나:	
⑩ おかあさん	가:	
ソウル	나:	
⑪ あね（おとこ）	가:	
プサン	나:	
⑫ あに（おとこ）	가:	
インチョン	나:	
⑬ おとうと	가:	
ふくおか	나:	
⑭ ともだち	가:	
おおさか	나:	

▶ **たんごをゆびでさしながら、はなしてみよう。**

가: _____은/는 어디에 가요?	나: _____에 가요.
가: _____은/는 어디에 살아요?	나: _____에 살아요.

おじいさん	おばあさん	おとうさん パパ	おかあさん ママ
あね (おんな／おとこ)	あに (おんな／おとこ)	おとうと ＝いもうと	ともだち
かんこく	ソウル	プサン	インチョン
にほん	とうきょう	おおさか	ふくおか

韓国について 8

食事

韓国の食卓にはご飯と汁ものを主食に、野菜の和え物、チゲ（鍋物）、タン（煮こみ汁）、肉や魚などのおかずがでます。発酵食品の象徴であるキムチも欠かせないおかずです。

食事の時は、器を持たないで、ご飯と汁物はスープン、おかずは箸を使って食べます。

2-9

침대 위에 있어요? ベッドのうえにいますか。

▶ **まなんでみよう。**

～（ばしょ）に	たんご		～ます	～ますか
～에	있다	ある・いる	있어요.	있어요?
	없다	ない・いない	없어요.	없어요?

가: 강아지는 어디에 **있어요?**	나: 침대 위에 **있어요.**
가: 집 안에 닭이 **있어요?**	나: 집 안에 **없어요.**

▶ **よんでみよう。**

73

동물	강아지=개	고양이	원숭이

위 / 뒤 / 옆 / 안 / 밑 / 앞 / 아래 / 밖

소	닭	돼지	호랑이

▶ よみながらかいてみよう。

동물	강아지 = 개	고양이	원숭이
どうぶつ	こいぬ=いぬ	ねこ	サル
소	닭	돼지	호랑이
うし	にわとり	ぶた	トラ
앞	뒤	옆	안
まえ	うしろ	よこ	なか
위	아래	밑	밖
うえ	した	（もの）した	そと

▶ **よみながらかいてみよう。**

① こいぬはどこにいますか。	**가:** 강아지는 어디에 있어요?
ベッドのうえにいます。	**나:** 침대 위에 있어요.
② ねこ	**가:**
ベッド／した	**나:**
③ サル	**가:**
へや／なか	**나:**
④ うし	**가:**
いえ／そと	**나:**
⑤ にわとり	**가:**
いえ／まえ	**나:**
⑥ ぶた	**가:**
いえ／うしろ	**나:**
⑦ どうぶつ	**가:**
つくえ／よこ	**나:**

⑧ いえの**なか**ににわとりが いますか。	**가 :** 집 안에 닭이 있어요?
いえの**なか**にいません。	**나 :** 집 안에 없어요.
⑨ いえ／そと／トラ	**가 :** **나 :**
⑩ へや／まえ／いぬ	**가 :** **나 :**
⑪ へや／よこ／ねこ	**가 :** **나 :**
⑫ つくえ／うえ／ぶた	**가 :** **나 :**
⑬ つくえ／した／サル	**가 :** **나 :**
⑭ トイレ／なか／どうぶつ	**가 :** **나 :**

▶ たんごをゆびでさしながら、はなしてみよう。

가: ＿＿＿은/는 어디에 있어요?	나: 침대 ＿＿＿에 있어요.
가: 집 ＿＿＿에 ＿＿＿가/이 있어요?	나: 집 ＿＿＿에 없어요.

どうぶつ	こいぬ＝いぬ	ねこ	サル
うし	にわとり	ぶた	トラ
まえ	うしろ	よこ	なか
うえ	した	（もの）した	そと

キムジャン

11月末や12月のはじめになると、キムジャンをします。
冬には新鮮な野菜を手に入れるのが難しかったので、キムチを大量に漬ける風習ができました。昔はかめにいれて地面に埋めて保存しましたが、今はキムチ専用の冷蔵庫にいれて保存しています。

학생이 아니에요. がくせいではありません。

▶ **まなんでみよう。**

〜ではありません（か）	（ぱっちむ**なし**） 가 아니에요.	가 아니에요?
	（ぱっちむ**あり**） 이 아니에요.	이 아니에요?

가: 유나는 학생이에요?	나: 아뇨, 학생이 아니에요.
가: 요리사가 아니에요?	나: 네, 요리사가 아니에요.

▶ **よんでみよう。**

75

초등학생	중학생	고등학생	대학생
선생님	의사	간호사	약사
회사원	요리사	공무원	경찰관
군인	어부	농부	운동선수

▶ よみながらかいてみよう。

초등학생	중 학 생	고 등 학 생	대 학 생
しょうがくせい	ちゅうがくせい	こうこうせい	だいがくせい
선 생 님	의 사	간 호 사	약 사
せんせい	いしゃ	かんごし	やくざいし
회 사 원	요 리 사	공 무 원	경 찰 관
かいしゃいん	コック	こうむいん	けいさつかん
군 인	어 부	농 부	운동선수
ぐんじん	りょうし	のうふ	うんどうせんしゅ

▶ **よみながらかいてみよう。**

① ユナはがくせいですか。	**가 :** 유나는 <u>학생</u>이에요?
いいえ、**がくせい**ではありません。	**나 :** 아뇨, <u>학생</u>이 아니에요.
② しょうがくせい	**가 :**
	나 :
③ ちゅうがくせい	**가 :**
	나 :
④ こうこうせい	**가 :**
	나 :
⑤ だいがくせい	**가 :**
	나 :
⑥ せんせい	**가 :**
	나 :
⑦ いしゃ	**가 :**
	나 :

⑧ コックではありませんか。	**가**: <u>요리사가</u> 아니에요?
はい、コックではありません。	**나**: 네, <u>요리사가</u> 아니에요.
⑨ かんごし	**가**:
	나:
⑩ こうむいん	**가**:
	나:
⑪ けいさつかん	**가**:
	나:
⑫ ぐんじん	**가**:
	나:
⑬ りょうし	**가**:
	나:
⑭ うんどうせんしゅ	**가**:
	나:

▶ **たんごをゆびでさしながら、はなしてみよう。**

가: 유나는 ＿＿＿＿이에요?	나: 아뇨, ＿＿＿＿가/이 아니에요.
가: ＿＿＿＿가/이 아니에요?	나: 네, ＿＿＿＿가/이 아니에요.

しょうがくせい	ちゅうがくせい	こうこうせい	だいがくせい
せんせい	いしゃ	かんごし	やくざいし
かいしゃいん	コック	こうむいん	けいさつかん
ぐんじん	りょうし	のうふ	うんどうせんしゅ

韓屋とオンドル

韓国の伝統的な家を「韓屋（はんおっく）」と言います。
主な材料は粘土と木材です。屋根は土を焼いた瓦を乗せた瓦葺きと
藁葺きがあります。夏には「マル」という板の間があるので涼しく、
冬は「オンドル」という床暖房があるので暖かいです。

주말에 뭐 해요? しゅうまつになにをしますか。

▶ まなんでみよう。

~を	（ぱっちむ**なし**）를	しゅうまつ	朝（あさ）	昼（ひる）	夕（ゆう）
	（ぱっちむ**あり**）을	주말	아침	점심	저녁

가: **주말에 뭐 해요?**	나: 책을 읽어요.
가: **아침에 뭘 해요?**	나: 공부를 해요.

▶ よんでみよう。

하다 해요	공부, 운동	읽다 읽어요	책, 신문
보다 봐요	그림, 영화	듣다 들어요	음악, 노래
쓰다 써요	글, 메일	먹다 먹어요	밥, 빵
만나다 만나요	친구	마시다 마셔요	물, 차

▶ よみながらかいてみよう。

하 다	공 부	읽 다	책 신 문
해 요	운 동	읽 어 요	
する します	べんきょう、 うんどう	よむ よみます	ほん、しんぶん
보 다	그 림	듣 다	음 악
봐 요	영 화	들 어 요	노 래
みる みます	え、えいが	きく ききます	おんがく、うた
쓰 다	글 메 일	먹 다	밥 빵
써 요		먹 어 요	
かく かきます	ぶん、メール	たべる たべます	ごはん、パン
만 나 다	친 구	마 시 다	물 차
만 나 요		마 셔 요	
あう あいます	ともだち	のむ のみます	みず、おちゃ

▶ **よみながらかいてみよう。**

① しゅうまつになにを しますか。	가 :	주말에 뭐 해요?
ほんをよみます。	나 :	책을 읽어요.
② あさ	가 :	
うんどう／します	나 :	
③ ひる	가 :	
え／みます	나 :	
④ ゆう	가 :	
ぶん／かきます	나 :	
⑤ しゅうまつ	가 :	
ともだち／あいます	나 :	
⑥ あさ	가 :	
おんがく／ききます	나 :	
⑦ ひる	가 :	
ごはん／たべます	나 :	

⑧ あさになにをしますか。	**가**: 아침에 뭘 해요?
べんきょうをします。	**나**: 공부를 해요.
⑨ ひる	**가**:
パン／たべます	**나**:
⑩ ゆう	**가**:
みず／のみます	**나**:
⑪ しゅうまつ	**가**:
えいが／みます	**나**:
⑫ あさ	**가**:
メール／かきます	**나**:
⑬ ひる	**가**:
しんぶん／よみます	**나**:
⑭ ゆう	**가**:
おちゃ／のみます	**나**:

▶ **たんごをゆびでさしながら、はなしてみよう。**

가: ＿＿에 뭐 해요?	나: ＿＿를/을 ＿＿요.
가: ＿＿에 뭘 해요?	나: ＿＿를/을 ＿＿요.

する します	べんきょう、 うんどう	よむ よみます	ほん、 しんぶん
みる みます	え、えいが	きく ききます	おんがく、うた
かく かきます	ぶん、メール	たべる たべます	ごはん、パン
あう あいます	ともだち	のむ のみます	みず、おちゃ

教育

韓国の学校制度は 1 年から 3 年の保育園と幼稚園、6 年制の初等（小）学校、3 年制の中学校、3 年制の高校、4 年制の大学で構成されています。誰もが受ける義務教育は日本と同じく初等（小）学校と中学校までです。

そして、入学式は 3 月、卒業式は 2 月で、日本より 1 か月早いです。

어디가 아파요? どこがいたいですか。

▶ **まなんでみよう。**

どこ	きほんけい	어떻다	아프다	쑤시다	괜찮다
어디	~です・ます	어때요	아파요	쑤셔요	괜찮아요

가: **어디가 아파요?**	나: 배가 **아파요.**
가: 머리는 **어때요?**	나: 머리는 **괜찮아요.**

▶ **よんでみよう。**

어떻다 어때요?	아프다 아파요	쑤시다 쑤셔요	괜찮다 괜찮아요

머리
목
어깨
배
팔
손
다리
발

얼굴
눈
코
입
이
귀
엉덩이
무릎

어떻다	아프다	쑤시다	괜찮다
어때요	아파요	쑤셔요	괜찮아요
どうだ どうですか	いたい いたいです	（つよく）いたむ いたみます	だいじょうぶだ だいじょうぶです

머리	얼굴	눈	코	입	이
あたま	かお	め	はな	くち	は

귀	목	배	팔	손	다리
みみ	くび、のど	おなか	うで	て	脚（あし）

발		어깨	엉덩이	무릎
足（あし）		かた	おしり	ひざ

▶ **よみながらかいてみよう。**

① どこがいたいですか。	가 : 어디가 아파요?
おなかがいたいです。	나 : 배가 아파요.
② いたい	가 :
かお	나 :
③ いたむ	가 :
め	나 :
④ いたい	가 :
くち	나 :
⑤ いたむ	가 :
はな	나 :
⑥ いたい	가 :
は	나 :
⑦ いたむ	가 :
のど	나 :

⑧ あたまはどうですか。	가 : 머리는 어때요?
あたまはだいじょうぶです。	나 : 머리는 괜찮아요.
⑨ うで	가 :
	나 :
⑩ て	가 :
	나 :
⑪ 脚（あし）	가 :
	나 :
⑫ かた	가 :
	나 :
⑬ ひざ	가 :
	나 :
⑭ おしり	가 :
	나 :

▶ **たんごをゆびでさしながら、はなしてみよう。**

가: 어디가 ＿＿＿＿요?	나: ＿＿＿＿가/이 ＿＿＿＿요.
가: ＿＿＿＿는/은 어때요?	나: ＿＿＿＿는/은 괜찮아요.

どうだ どうですか	いたい いたいです	（つよく）いたむ いたみます	だいじょうぶだ だいじょうぶです

あたま	かお	め	はな	くち	は

みみ	くび、のど	おなか	うで	て	脚（あし）

足（あし）	かた	おしり	ひざ

しゅうきょう
宗 教

韓国には様々な宗教があります。韓国の人口の 44% が宗教を持っています（2015 年）。そのなかで、プロテスタント教会が 45%、仏教が 35%、カトリック教会が 18% を占めています。日本に多くある神社は韓国にはありません。

친구가 많아요? ともだちがおおいですか。

▶ **まなんでみよう。**

けいようし	많다	적다	좋다	나쁘다	크다	작다	덥다	춥다
～です	많아요	적어요	좋아요	나빠요	커요	작아요	더워요	추워요

가: 숙제가 **많아요?**	나: 아뇨. 숙제가 **적어요.**
가: 눈이 **좋아요?**	나: 아뇨. 눈이 **나빠요.**

▶ **よんでみよう。**

81

많다 많아요	숙제, 친구	적다 적어요	밥, 반찬
좋다 좋아요	엄마, 아빠	나쁘다 나빠요	차, 눈
크다 커요	키, 몸	작다 작아요	손, 발
덥다 더워요	부산, 규슈	춥다 추워요	서울, 도쿄

▶ よみながらかいてみよう。

많다	숙제	적다	밥 반찬
많아요	친구	적어요	
おおい おおいです	しゅくだい、 ともだち	すくない すくないです	ごはん、おかず
좋다	엄마	나쁘다	차는
좋아요	아빠	나빠요	
いい いいです	ママ、パパ	わるい わるいです	くるま、め
크다	키름	작다	손발
커요		작아요	
おおきい おおきいです	背 (せ)、からだ	ちいさい ちいさいです	て、あし
덥다	부산	춥다	서울
더워요	규슈	추워요	도쿄
あつい あついです	プサン、 きゅうしゅう	さむい さむいです	ソウル、とうきょう

▶ よみながらかいてみよう。

① しゅくだいがおおいですか。	**가 :** 숙제가 많아요?
いいえ。しゅくだいが すくないです。	**나 :** 아뇨, 숙제가 적어요.
② ごはん／すくない	**가 :**
おおい	**나 :**
③ て／ちいさい	**가 :**
おおきい	**나 :**
④ とうきょう／あつい	**가 :**
さむい	**나 :**
⑤ プサン／さむい	**가 :**
あつい	**나 :**
⑥ ママ／わるい	**가 :**
いい	**나 :**
⑦ からだ／おおきい	**가 :**
ちいさい	**나 :**

⑧ めがいいですか。	가:	눈이 좋아요?
いいえ。めがわるいです。	나:	아뇨. 눈이 나빠요.
⑨ ともだち／すくない	가:	
おおい	나:	
⑩ パパ／わるい	가:	
いい	나:	
⑪ あし／おおきい	가:	
ちいさい	나:	
⑫ きゅうしゅう／さむい	가:	
あつい	나:	
⑬ ソウル／あつい	가:	
さむい	나:	
⑭ 背（せ）／ちいさい	가:	
おおきい	나:	

▶ **たんごをゆびでさしながら、はなしてみよう。**

가: ____가/이 ____요?	나: 아뇨. ____가/이 ____요.
가: ____가/이 ____요?	나: 아뇨. ____가/이 ____요.

おおい おおいです	しゅくだい、 ともだち	すくない すくないです	ごはん、おかず
いい いいです	ママ、パパ	わるい わるいです	くるま、め
おおきい おおきいです	背（せ）、 からだ	ちいさい ちいさいです	て、あし
あつい あついです	プサン、 きゅうしゅう	さむい さむいです	ソウル、 とうきょう

四大門（よんだいもん）

朝鮮時代（ちょうせんじだい）のソウルは「漢陽（ハンヤン）」と言（い）いました。漢陽は現在（げんざい）のソウルより小さかったです。漢陽を守（まも）るために城郭（じょうかく）を作（つく）って東西南北（とうざいなんぼく）に大（おお）きな門（もん）を建（た）てました。この４つの門を四大門（よんだいもん）と言（い）います。現在（げんざい）も西大門以外（にしだいもんいがい）は保存（ほぞん）されています。

東大門（トンデムン）

南大門（ナムデムン）

北大門（プックデムン）

2-14

노래방에서 노래해요. カラオケでうたいます。

▶ **まなんでみよう。**

だれが	どこ	〜 (ばしょ) で	めいし+する	노래하다	운동하다	청소하다
누가	어디	〜에서	めいし+ます	노래해요	운동해요	청소해요

가: 누가 **노래해요?**	나: 미나가 **노래해요.**
가: 어디**에서 노래해요?**	나: <u>노래방</u>에서 **노래해요.**

▶ **よんでみよう。**

노래하다 노래해요	노래방	목욕하다 목욕해요	목욕탕
운동하다 운동해요	체육관	빨래하다 빨래해요	세탁소
청소하다 청소해요	화장실	요리하다 요리해요	주방
공부하다 공부해요	도서관	일하다 일해요	편의점

▶ よみながらかいてみよう。

노래하다	노 래 방	목욕하다	목 욕 탕
노 래 해 요		목 욕 해 요	
うたう うたいます	カラオケ	ふろにはいる ふろにはいります	おふろ
운동하다	체 육 관	빨래하다	세 탁 소
운 동 해 요		빨 래 해 요	
うんどうする うんどうします	たいいくかん	せんたくする せんたくします	ランドリー
청소하다	화 장 실	요리하다	주 방
청 소 해 요		요 리 해 요	
そうじする そうじします	トイレ	りょうりする りょうりします	ちゅうぼう
공부하다	도 서 관	일 하 다	편 의 점
공 부 해 요		일 해 요	
べんきょうする べんきょうします	としょかん	しごとする しごとします	コンビニ

84

▶ よみながらかいてみよう。

① だれがうたいますか。	가 : 누가 노래해요?
ミナがうたいます。	나 : 미나가 노래해요.
② ふろにはいる	가 :
	나 :
③ うんどうする	가 :
	나 :
④ せんたくする	가 :
	나 :
⑤ そうじする	가 :
	나 :
⑥ りょうりする	가 :
	나 :
⑦ べんきょうする	가 :
	나 :

⑧ どこでうたいますか。	**가**: 어디에서 노래해요?
カラオケでうたいます。	**나**: 노래방에서 노래해요.
⑨ ふろにはいる	**가**:
おふろ	**나**:
⑩ うんどうする	**가**:
たいいくかん	**나**:
⑪ せんたくする	**가**:
ランドリー	**나**:
⑫ そうじする	**가**:
トイレ	**나**:
⑬ りょうりする	**가**:
ちゅうぼう	**나**:
⑭ べんきょうする	**가**:
としょかん	**나**:

▶ たんごをゆびでさしながら、はなしてみよう。

가: 누가 _____해요?		나: _____가/이 _____해요.	
가: 어디에서 _____해요?		나: _____에서 _____해요.	

うたう うたいます	カラオケ	ふろにはいる ふろにはいります	おふろ
うんどうする うんどうします	たいいくかん	せんたくする せんたくします	ランドリー
そうじする そうじします	トイレ	りょうりする りょうりします	ちゅうぼう
べんきょうする べんきょうします	としょかん	しごとする しごとします	コンビニ

きゅうてい
宮廷

王様や王族が住んでいたところが宮廷です。韓国の代表的な宮廷は、景福宮、昌慶宮、昌徳宮、徳寿宮があります。

・景福宮（キョンボッグン）：
　朝鮮時代の王が住んでいた宮廷

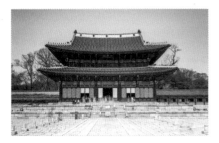

・昌徳宮（チャンドッグン）：
　景福宮が使えない時に備えて造った宮廷

・昌慶宮（チャンギョングン）：
　昌徳宮とつながっていて、独立的な役割と備え的な役割をする宮廷

・徳寿宮（トッスグン）：
　王室の宮廷だったが、大韓帝国の時代から皇帝が住むようなった宮廷

안 놀아요? あそばないですか。

▶ **まなんでみよう。**

なぜ	いま	〜と	しない	안 + どうし
왜	지금	〜하고	できない	못 + どうし

가: **안 놀아요?**	나: 지금 **못** 놀아요.
가: **왜** 지금 **못** 놀아요?	나: 동생하고 <u>차를</u> 타요.

▶ **よんでみよう。**

85

놀다 놀아요	친구, 동생	타다 타요	자전거, 차
씻다 씻어요	손, 발	배우다 배워요	영어, 한국어
신다 신어요	신발, 양말	사다 사요	옷, 가방
만들다 만들어요	과자, 빵	입다 입어요	바지, 치마

놀 다	친 구	타 다	자 전 거
놀 아 요	동 생	타 요	차
あそぶ あそびます	ともだち、 おとうと・いもうと	のる のります	じてんしゃ、 くるま
씻 다	손 발	배 우 다	영 어
씻 어 요		배 워 요	한 국 어
あらう あらいます	て、あし	ならう ならいます	えいご、かんこくご
신 다	신 발	사 다	옷 가 방
신 어 요	양 말	사 요	
はく はきます	くつ、くつした	かう かいます	ふく、かばん
만 들 다	과 자 빵	입 다	바 지
만 들 어 요		입 어 요	치 마
つくる つくります	おかし、パン	きる きます	ズボン、スカート

※ かんこくごはズボンとスカートも「きる：입다」をつかいます。

▶ よみながらかいてみよう。

86

① あそばないですか。	가 : 안 놀아요.
いまあそべないです。	나 : 지금 못 놀아요.
② あらう	가 : 나 :
③ のる	가 : 나 :
④ ならう	가 : 나 :
⑤ はく	가 : 나 :
⑥ かう	가 : 나 :
⑦ つくる	가 : 나 :

⑧ なぜいま**あそべない**ですか。	가:	왜 지금 못 놀아요?
おとうと（いもうと）と くるまにのります。	나:	동생하고 차를 타요.
⑨ あらう	가:	
えいごをならう	나:	
⑩ のる	가:	
パンをつくる	나:	
⑪ ならう	가:	
ふくをかう	나:	
⑫ きる	가:	
ズボンをきる	나:	
⑬ かう	가:	
あしをあらう	나:	
⑭ つくる	가:	
じてんしゃにのる	나:	

※ かんこくごはズボンとスカートも「きる：입다」をつかいます。

▶ **たんごをゆびでさしながら、はなしてみよう。**

가: 안 ＿＿＿요?	나: 지금 못 ＿＿＿요.
가: 왜 지금 못 ＿＿＿요?	나: 동생하고 ＿＿＿요.

あそぶ あそびます	ともだち、 おとうと・いもうと	のる のります	じてんしゃ、 くるま
あらう あらいます	て、あし	ならう ならいます	えいご、 かんこくご
はく はきます	くつ、くつした	かう かいます	ふく、かばん
つくる つくります	おかし、パン	きる きます	ズボン、スカート

テコンドー（태권도）

武器を身につけず、徒手空拳で相手の攻撃から身を守る護身術です。太は「足」または「踏む」の意味があり、권は「拳」または「戦い」を表します。また、도は「道理」や「規律」の意味があります。三国時代から始まったといわれるテコンドーは 1200 種類の足技と 2000 種類の手技で構成されています。

ふ ろ く
付録

会話文（かいわぶん）の解答（かいとう）

2-2

②	가: 이게 뭐예요?	나: **연필**이에요.
③	가: 이게 뭐예요?	나: **자**예요.
④	가: 이게 뭐예요?	나: **지우개**예요.
⑤	가: 이게 뭐예요?	나: **가위**예요.
⑦	가: 그게 뭐예요?	나: **의자**예요.
⑧	가: 그게 뭐예요?	나: **사전**이에요.
⑨	가: 그게 뭐예요?	나: **공책**이에요.
⑩	가: 그게 뭐예요?	나: **시계**예요.
⑫	가: 저게 뭐예요?	나: **풀**이에요.
⑬	가: 저게 뭐예요?	나: **필통**이에요.
⑭	가: 저게 뭐예요?	나: **교과서**예요.
⑮	가: 저게 뭐예요?	나: **책**이에요.

2-3

②	가: **그게** 뭐예요?	나: **과일**이에요.
③	가: **저게** 뭐예요?	나: **딸기**예요.
④	가: **이게** 뭐예요?	나: **야채**예요.
⑤	가: **그게** 뭐예요?	나: **파**예요.
⑦	가: **저게 감**이에요?	나: 네, 감이에요.
⑧	가: **이게 사과**예요?	나: 네, 사과예요.

⑨	가: **그게 감자**예요?	나: **네, 감자**예요.
⑩	가: **저게 배추**예요?	나: **네, 배추**예요.
⑫	가: **이게 복숭아**예요?	나: **아뇨, 양파**예요.
⑬	가: **그게 배**예요?	나: **아뇨, 귤**이에요.
⑭	가: **저게 고추**예요?	나: **아뇨, 오이**예요.
⑮	가: **이게 고구마**예요?	나: **아뇨, 감자**예요.

2-4

②	가: **거기가** 어디예요?	나: **도서관**이에요.
③	가: **저기가** 어디예요?	나: **수영장**이에요.
④	가: **여기가** 어디예요?	나: **부엌**이에요.
⑤	가: **거기가** 어디예요?	나: **화장실**이에요.
⑥	가: **저기가** 어디예요?	나: **공원**이에요.
⑦	가: **여기가** 어디예요?	나: **가게**예요.
⑨	가: **은행**이 어디예요?	나: **거기**예요.
⑩	가: **백화점**이 어디예요?	나: **저기**예요.
⑪	가: **목욕탕**이 어디예요?	나: **여기**예요.
⑫	가: **병원**이 어디예요?	나: **거기**예요.
⑬	가: **우체국**이 어디예요?	나: **저기**예요.
⑭	가: **편의점**이 어디예요?	나: **여기**예요.

2-5

②	가: **학교에 뭐가** 있어요?	나: **수영장**이 있어요.
③	가: **도서관에 뭐가** 있어요?	나: **그림**이 있어요.
④	가: **방에 뭐가** 있어요?	나: **달력**이 있어요.
⑤	가: **집에 뭐가** 있어요?	나: **목욕탕**이 있어요.
⑥	가: **부엌에 뭐가** 있어요?	나: **냉장고가** 있어요.

⑦	가: **공원**에 뭐가 있어요?	나: **화장실**이 있어요.
⑨	가: **방**에 **텔레비전**이 있어요?	나: **아뇨, 텔레비전**이 없어요.
⑩	가: **부엌**에 **식탁**이 있어요?	나: **아뇨, 식탁**이 없어요.
⑪	가: **목욕탕**에 **세탁기**가 있어요?	나: **아뇨, 세탁기**가 없어요.
⑫	가: **교실**에 **컴퓨터**가 있어요?	나: **아뇨, 컴퓨터**가 없어요.
⑬	가: **화장실**에 **청소기**가 있어요?	나: **아뇨, 청소기**가 없어요.
⑭	가: **편의점**에 **이불**이 있어요?	나: **아뇨, 이불**이 없어요.

2-6

②	가: 뭐를 좋아해요?	나: **영화**를 좋아해요.
③	가: 뭐를 좋아해요?	나: **드라마**를 좋아해요.
④	가: 뭐를 좋아해요?	나: **댄스(춤)**를 좋아해요.
⑤	가: 뭐를 좋아해요?	나: **수영**을 좋아해요.
⑥	가: 뭐를 좋아해요?	나: **태권도**를 좋아해요.
⑦	가: 뭐를 좋아해요?	나: **육상**을 좋아해요.
⑨	가: **축구**를 좋아해요?	나: **아뇨, 축구**를 싫어해요.
⑩	가: **야구**를 좋아해요?	나: **아뇨, 야구**를 싫어해요.
⑪	가: **농구**를 좋아해요?	나: **아뇨, 농구**를 싫어해요.
⑫	가: **배구**를 좋아해요?	나: **아뇨, 배구**를 싫어해요.
⑬	가: **탁구**를 좋아해요?	나: **아뇨, 탁구**를 싫어해요.
⑭	가: **검도**를 좋아해요?	나: **아뇨, 검도**를 싫어해요.

2-7

②	가: 뭐가 좋아요?	나: **밥**이 좋아요.
③	가: 뭐가 좋아요?	나: **김치**가 좋아요.
④	가: 뭐가 좋아요?	나: **떡볶이**가 좋아요.
⑤	가: 뭐가 좋아요?	나: **라면**이 좋아요.

⑦	가: 뭐가 싫어요?	나: **우동**이 싫어요.
⑧	가: 뭐가 싫어요?	나: **김밥**이 싫어요.
⑨	가: 뭐가 싫어요?	나: **만두**가 싫어요.
⑩	가: 뭐가 싫어요?	나: **짜장면**이 싫어요.
⑫	가: **짬뽕**이 맛있어요?	나: 아뇨, 맛없어요.
⑬	가: **스프(국)**가 맛있어요?	나: 아뇨, 맛없어요.
⑭	가: **반찬**이 맛있어요?	나: 아뇨, 맛없어요.

2-8

②	가: **할아버지**는 어디에 가요?	나: **한국**에 가요.
③	가: **할머니**는 어디에 가요?	나: **도쿄**에 가요.
④	가: **아빠**는 어디에 가요?	나: **서울**에 가요.
⑤	가: **엄마**는 어디에 가요?	나: **부산**에 가요.
⑥	가: **언니**는 어디에 가요?	나: **오사카**에 가요.
⑦	가: **오빠**는 어디에 가요?	나: **후쿠오카**에 가요.
⑨	가: **아버지**는 어디에 살아요?	나: **도쿄**에 살아요.
⑩	가: **어머니**는 어디에 살아요?	나: **서울**에 살아요.
⑪	가: **누나**는 어디에 살아요?	나: **부산**에 살아요.
⑫	가: 형은 어디에 살아요?	나: **인천**에 살아요.
⑬	가: **남동생**은 어디에 살아요?	나: **후쿠오카**에 살아요.
⑭	가: **친구**는 어디에 살아요?	나: **오사카**에 살아요.

2-9

②	가: **고양이**는 어디에 있어요?	나: **침대 밑**에 있어요.
③	가: **원숭이**는 어디에 있어요?	나: **방 안**에 있어요.
④	가: **소**는 어디에 있어요?	나: **집 밖**에 있어요.
⑤	가: **닭**은 어디에 있어요?	나: **집 앞**에 있어요.

⑥	가: **돼지**는 어디에 있어요?	나: **집 뒤**에 있어요.
⑦	가: **동물**은 어디에 있어요?	나: **책상 옆**에 있어요.
⑨	가: **집 밖**에 **호랑이**가 있어요?	나: **집 밖**에 없어요.
⑩	가: **방 앞**에 **개**가 있어요?	나: **방 앞**에 없어요.
⑪	가: **방 옆**에 **고양이**가 있어요?	나: **방 옆**에 없어요.
⑫	가: **책상 위**에 **돼지**가 있어요?	나: **책상 위**에 없어요.
⑬	가: **책상 밑**에 **원숭이**가 있어요?	나: **책상 밑**에 없어요.
⑭	가: **화장실 안**에 **동물**이 있어요?	나: **화장실 안**에 없어요.

2-10

②	가: 유나는 **초등학생**이에요?	나: 아뇨, **초등학생**이 아니에요.
③	가: 유나는 **중학생**이에요?	나: 아뇨, **중학생**이 아니에요.
④	가: 유나는 **고등학생**이에요?	나: 아뇨, **고등학생**이 아니에요.
⑤	가: 유나는 **대학생**이에요?	나: 아뇨, **대학생**이 아니에요.
⑥	가: 유나는 **선생님**이에요?	나: 아뇨, **선생님**이 아니에요.
⑦	가: 유나는 **의사**예요?	나: 아뇨, **의사**가 아니에요.
⑨	가: **간호사**가 아니에요?	나: 네, **간호사**가 아니에요.
⑩	가: **공무원**이 아니에요?	나: 네, **공무원**이 아니에요.
⑪	가: **경찰관**이 아니에요?	나: 네, **경찰관**이 아니에요.
⑫	가: **군인**이 아니에요?	나: 네, **군인**이 아니에요.
⑬	가: **어부**가 아니에요?	나: 네, **어부**가 아니에요.
⑭	가: **운동선수**가 아니에요?	나: 네, **운동선수**가 아니에요.

2-11

②	가: **아침**에 뭐 해요?	나: **운동**을 해요.
③	가: **점심**에 뭐 해요?	나: **그림**을 봐요.

④	가: **저녁**에 뭐 해요?	나: **글을 써**요.
⑤	가: **주말**에 뭐 해요?	나: **친구를 만나**요.
⑥	가: **아침**에 뭐 해요?	나: **음악을 들어**요.
⑦	가: **점심**에 뭐 해요?	나: **밥을 먹어**요.
⑨	가: **점심**에 뭘 해요?	나: **빵을 먹어**요.
⑩	가: **저녁**에 뭘 해요?	나: **물을 마셔**요.
⑪	가: **주말**에 뭘 해요?	나: **영화를 봐**요.
⑫	가: **아침**에 뭘 해요?	나: **메일을 써**요.
⑬	가: **점심**에 뭘 해요?	나: **신문을 읽어**요.
⑭	가: **저녁**에 뭘 해요?	나: **차를 마셔**요.

2-12

②	가: 어디가 **아파**요?	나: **얼굴**이 **아파**요.
③	가: 어디가 **쑤셔**요?	나: **눈**이 **쑤셔**요.
④	가: 어디가 **아파**요?	나: **입**이 **아파**요.
⑤	가: 어디가 **쑤셔**요?	나: **코**가 **쑤셔**요.
⑥	가: 어디가 **아파**요?	나: **이**가 **아파**요.
⑦	가: 어디가 **쑤셔**요?	나: **목**이 **쑤셔**요.
⑨	가: **팔**은 어때요?	나: **팔**은 괜찮아요.
⑩	가: **손**은 어때요?	나: **손**은 괜찮아요.
⑪	가: **다리**는 어때요?	나: **다리**는 괜찮아요.
⑫	가: **어깨**는 어때요?	나: **어깨**는 괜찮아요.
⑬	가: **무릎**은 어때요?	나: **무릎**은 괜찮아요.
⑭	가: **엉덩이**는 어때요?	나: **엉덩이**는 괜찮아요.

2-13

	가	나
②	가: 밥이 적어요?	나: 아뇨, 밥이 많아요.
③	가: 손이 작아요?	나: 아뇨, 손이 커요.
④	가: 도쿄가 더워요?	나: 아뇨, 도쿄가 추워요.
⑤	가: 부산이 추워요?	나: 아뇨, 부산이 더워요.
⑥	가: 엄마가 나빠요?	나: 아뇨, 엄마가 좋아요.
⑦	가: 몸이 커요?	나: 아뇨, 몸이 작아요.
⑨	가: 친구가 적어요?	나: 아뇨, 친구가 많아요.
⑩	가: 아빠가 나빠요?	나: 아뇨, 아빠가 좋아요.
⑪	가: 발이 커요?	나: 아뇨, 발이 작아요.
⑫	가: 규슈가 추워요?	나: 아뇨, 규슈가 더워요.
⑬	가: 서울이 더워요?	나: 아뇨, 서울이 추워요.
⑭	가: 키가 작아요?	나: 아뇨, 키가 커요.

2-14

	가	나
②	가: 누가 **목욕해**요?	나: 미나가 **목욕해**요.
③	가: 누가 **운동해**요?	나: 미나가 **운동해**요.
④	가: 누가 **빨래해**요?	나: 미나가 **빨래해**요.
⑤	가: 누가 **청소해**요?	나: 미나가 **청소해**요.
⑥	가: 누가 **요리해**요?	나: 미나가 **요리해**요.
⑦	가: 누가 **공부해**요?	나: 미나가 **공부해**요.
⑨	가: 어디에서 **목욕해**요?	나: **목욕탕**에서 **목욕해**요.
⑩	가: 어디에서 **운동해**요?	나: **체육관**에서 **운동해**요.
⑪	가: 어디에서 **빨래해**요?	나: **세탁소**에서 **빨래해**요.
⑫	가: 어디에서 **청소해**요?	나: **화장실**에서 **청소해**요.
⑬	가: 어디에서 **요리해**요?	나: **주방**에서 **요리해**요.
⑭	가: 어디에서 **공부해**요?	나: **도서관**에서 **공부해**요.

2-15

②	가: 안 **씻어**요?	나: 지금 못 **씻어**요.	
③	가: 안 **타**요?	나: 지금 못 **타**요.	
④	가: 안 **배워**요?	나: 지금 못 **배워**요.	
⑤	가: 안 **신어**요?	나: 지금 못 **신어**요.	
⑥	가: 안 **사**요?	나: 지금 못 **사**요.	
⑦	가: 안 **만들어**요?	나: 지금 못 **만들어**요.	
⑨	가: 왜 지금 못 **씻어**요?	나: 동생하고 **영어를 배워**요.	
⑩	가: 왜 지금 못 **타**요?	나: 동생하고 **빵을 만들어**요.	
⑪	가: 왜 지금 못 **배워**요?	나: 동생하고 **옷을 사**요.	
⑫	가: 왜 지금 못 **신어**요?	나: 동생하고 **바지를 입어**요.	
⑬	가: 왜 지금 못 **사**요?	나: 동생하고 **발을 씻어**요.	
⑭	가: 왜 지금 못 **만들어**요?	나: 동생하고 **자전거를 타**요.	

3-2

単語（たんご）リスト

ㄱ	
が	
~가	~が
かげ	
가게	みせ
かぐ	
가구	かぐ
かだ	
가다	いく
かばん	
가방	かばん
かよ	
가요	いきます
かうぃ	
가위	ハサミ
かっぞっく	
가족	かぞく
かんほさ	
간호사	かんごし
かむ	
감	かき
かむさはむにだ	
감사합니다	ありがとうございます
かむじゃ	
감자	じゃがいも

かんあじ	
강아지	こいぬ
け	
개	いぬ
こぎ	
거기	そこ
こうぃ	
거위	ガチョウ
こった	
걷다	あるく
こむど	
검도	けんどう
きょんちゃるぐぁん	
경찰관	けいさつかん
こぐま	
고구마	さつまいも
こどぅんはっくせん	
고등학생	こうこうせい
こまうぉよ	
고마워요	ありがとうございます
こやんい	
고양이	ねこ
こちゅ	
고추	とうがらし

こむ		くにん	
곰	クマ	군인	ぐんじん
こんむうぉん		くぃ	
공무원	こうむいん	귀	みみ
こんぶ		きゅる	
공부	べんきょう	귤	みかん
こんぶはだ		くげ	
공부하다	べんきょうする	그게	それが
こんぶはっぷしだ		くりむ	
공부합시다	べんきょうしましょう	그림	え、かいが
こんぶへよ		くる	
공부해요	べんきょうします	글	ぶん
こんうぉん		くるちゃ	
공원	こうえん	글자	もじ
くぁいる		きむっぱっぷ	
과일	くだもの	김밥	キンパプ
くぁじゃ		きむち	
과자	おかし	김치	キムチ
くぇんちぁた		っこり	
괜찮다	だいじょうぶだ	꼬리	しっぽ
くぇんちぁなよ			
괜찮아요	だいじょうぶです		

		ㄴ	
きょくぁそ		ぬん	
교과서	きょうかしょ	~는	~は
きょしる		なら	
교실	きょうしつ	나라	くに
きょふぇ		なむ	
교회	きょうかい	나무	き
くっく		なっぱよ	
국	汁（しる）	나빠요	わるいです

なっぷだ	
나쁘다	わるい
なっくし	
낚시	つり
ねんじゃんご	
냉장고	れいぞうこ
ね	
네	はい
のれ	
노래	うた
のればん	
노래방	カラオケ
のれはだ	
노래하다	うたう
のれへよ	
노래해요	うたいます
のるだ	
놀다	あそぶ
のらよ	
놀아요	あそびます
のんぐ	
농구	バスケットボール
のんぶ	
농부	のうふ
ぬが	
누가	だれが
ぬな	
누나	あね
ぬん	
눈	め、ゆき

	ㄷ
たり	
다리	脚（あし）、はし
たる	
달	つき
たるりょく	
달력	カレンダー
たっく	
닭	にわとり
てはっせん	
대학생	だいがくせい
てんす	
댄스	ダンス
とうぉよ	
더워요	あついです
とっぷった	
덥다	あつい
とそぐぁん	
도서관	としょかん
とん	
돈	おかね
とんむる	
동물	どうぶつ
とんせん	
동생	いもうと、おとうと
とうぇじ	
돼지	ぶた
とうぇっそよ	
됐어요	（もう）いいです
とうぃ	
뒤	うしろ

とぅらま	
드라마	ドラマ
とぅった	
듣다	きく
とぅろよ	
들어요	ききます
とぅんさん	
등산	とざん
ったるぎ	
딸기	いちご
っとっぽっき	
떡볶이	トッポギ

ㄹ	
らみょん	
라면	ラーメン
るる	
～를	～を

ㅁ	
ましょよ	
마셔요	のみます
ましだ	
마시다	のむ
まんなだ	
만나다	あう
まんなよ	
만나요	あいます
まんどぅ	
만두	ぎょうざ

まんどぅるだ	
만들다	つくる
まんどぅろよ	
만들어요	つくります
まんた	
많다	おおい
まなよ	
많아요	おおいです
まに	
많이	おおく
まどっそよ	
맛없어요	まずいです
ましっそよ	
맛있어요	おいしいです
もり	
머리	あたま
もった	
먹다	たべる
もごよ	
먹어요	たべます
もごっそよ	
먹었어요	たべました
めいる	
메일	メール
もうむ	
모음	母音（ぼいん）
もじゃ	
모자	ぼうし
もっく	
목	くび、のど

もぎょっくたん	
목욕탕	おふろ
もぎょっかだ	
목욕하다	ふろにはいる
もぎょけよ	
목욕해요	ふろにはいります
もむ	
몸	からだ
もっつ	
못 ～	できない
むるっぷ	
무릎	ひざ
むる	
물	みず
むぉ	
뭐	なに
むぉえよ	
뭐예요？	なんですか
みあんはむにだ	
미안합니다	すみません
みあんへよ	
미안해요	すみません
みっつ	
밑	（ものの）した

ㅂ	
ぱだ	
바다	うみ
ぱじ	
바지	ズボン

ぱっく	
밖	そと
ぱんちゃん	
반찬	おかず
ぱる	
발	足（あし）
ぱむ	
밤	くり
ぱっぷ	
밥	ごはん
ぱん	
방	へや
ぺ	
배	おなか、ふね、なし
ぺごぱよ	
배고파요	おなかすきます
ぺぐ	
배구	バレーボール
ぺぶるろよ	
배불러요	おなかいっぱいです
ぺうだ	
배우다	ならう
ぺうぉよ	
배워요	ならいます
ぺちゅ	
배추	はくさい
ぺくぁじょむ	
백화점	デパート
ぽす	
버스	バス

ぽっこっつ	
벚꽃	さくら
ぺげ	
베개	まくら
ぴょる	
별	ほし
ぴょんうぉん	
병원	びょういん
ぽだ	
보다	みる
ぽっすんあ	
복숭아	もも
ぷゎよ	
봐요	みます
ぷおっく	
부엌	だいどころ
ぴびむっぱっぷ	
비빔밥	ビビンパ
っぱれはだ	
빨래하다	せんたくする
っぱれへよ	
빨래해요	せんたくします
っぱん	
빵	パン
っぽっぽ	
뽀뽀	ちゅう

ㅅ		
さぐぁ		
사과	りんご	

さだ	
사다	かう
さよ	
사요	かいます
さじゃ	
사자	ライオン
さじょん	
사전	じしょ
さたん	
사탕	あめ、キャンディー
さるだ	
살다	すむ
さらよ	
살아요	すみます
せっちょんい	
색종이	いろがみ
しゃうぉ	
샤워	シャワー
そらっぷ	
서랍	ひきだし
そんせんにむ	
선생님	せんせい
せげ	
세계	せかい
せたくっき	
세탁기	せんたくき
せたくそ	
세탁소	ランドリー
そ	
소	うし

そぱ		っそよ	
소파	ソファー	써요	かきます、つかいます
そん		っすしょよ	
손	て	쑤셔요	いたいです
すご		っすしだ	
수고	おつかれ	쑤시다	(さすように) いたい
すばっく		っすだ	
수박	すいか	쓰다	かく、つかう
すよん		っしった	
수영	すいえい	씻다	あらう
すよんじゃん		っしそよ	
수영장	プール	씻어요	あらいます
すっくちぇ			
숙제	しゅくだい		**ㅇ**
しげ		え	
시계	とけい	~에	~ (ばしょ) に
しっくたく		えそ	
식탁	しょくたく	~에서	~ (ばしょ) で
しんった		うん	
신다	はく	~은	~は
しんむん		うる	
신문	しんぶん	~을	~を
しんばる		い	
신발	くつ	~이	~が
しのよ		あにょ	
신어요	はきます	아뇨	いいえ
しるろよ		あにえよ	
싫어요	いやです	아니에요	ちがいます
しるろへよ		あによ	
싫어해요	きらいです	아니요	いいえ

あれ		えぎょ	
아래	した	애교	あいきょう
あぼじ		やぐ	
아버지	おとうさん	야구	やきゅう
あっぱ		やうぇ	
아빠	パパ	야외	やがい
あい		やちぇ	
아이	こども	야채	やさい
あちむ		やっくさ	
아침	あさ	약사	やくざいし
あぱよ		やんまる	
아파요	いたいです	양말	くつした
あぷだ		やんぱ	
아프다	いたい	양파	たまねぎ
あん		いぇぎ	
안 ~	~しない	얘기	はなし
あんにょん		おっけ	
안녕?	こんにちは	어깨	かた
あんにょん		おでぃ	
안녕 ~	さようなら	어디	どこ
あんにょんはせよ		おってよ	
안녕하세요?	こんにちは	어때요?	どうですか
あんにょんひかせよ		おっとった	
안녕히 가세요	さようなら	어떻다	どうだ
あんにょんひけせよ		おもに	
안녕히 계세요	さようなら	어머니	おかあさん
あっぷ		おぶ	
앞	まえ	어부	りょうし
あぷろど		おんに	
앞으로도	これからも	언니	あね

おるぐる		えよ	
얼굴	かお	~예요	~です
おむま		おでん	
엄마	ママ	오뎅	おでん
おっぷった		おっぱ	
없다	ない、いない	오빠	あに
おっぷそよ		おい	
없어요	ありません、いません	오이	きゅうり
おんどんい		おっつ	
엉덩이	おしり	옷	ふく
よぎ		おっちゃん	
여기	ここ	옷장	ようふくダンス
よう		わい	
여우	キツネ	와이	Y（ワイ）
よじゃ		うぇ	
여자	じょし、おんな	왜	なぜ
よんぴる		よりさ	
연필	えんぴつ	요리사	コック
よむそ		よりはだ	
염소	ヤギ	요리하다	りょうりする
よんお		よりへよ	
영어	えいご	요리해요	りょりします
よんふぁ		うどん	
영화	えいが	우동	うどん
よっぷ		うゆ	
옆	よこ	우유	ぎゅうにゅう
いぇ		うちぇぐっく	
예	はい	우체국	ゆうびんきょく
いぇす		うぴょ	
예수	イエス	우표	きって

うんどん			いぶる	
운동	うんどう		이불	ふとん
うんどんそんす			いえよ	
운동선수	うんどうせんしゅ		~이에요	~です
うんどんはだ			いるぼん	
운동하다	うんどうする		일본	にほん
うんどんへよ			いるはだ	
운동해요	うんどうします		일하다	しごとする
うぉんすんい			いるへよ	
원숭이	サル		일해요	しごとします
うぃ			いっくった	
위	うえ		읽다	よむ
ゆど			いるごよ	
유도	じゅうどう		읽어요	よみます
ゆくぇ			いっぷ	
유쾌	ゆかい		입	くち
ゆっくさん			いっぷった	
육상	りくじょう		입다	きる
うんへん			いぼよ	
은행	ぎんこう		입어요	きます
うまっく			いった	
음악	おんがく		있다	ある、いる
うぃさ			いっそよ	
의사	いしゃ		있어요	あります、います
うぃじゃ				
의자	いす			
い				
이	は			
いげ				
이게	これが			

ㅈ	
ちゃ	
자	じょうぎ
ちゃうむ	
자음	子音（しいん）

ちゃじょんご			ちゅばん	
자전거	じてんしゃ		주방	ちゅうぼう
ちゃった			ちゅんはくせん	
작다	ちいさい		중학생	ちゅうがくせい
ちゃがよ			ちゅるごっぷっけ	
작아요	ちいさいです		즐겁게	たのしく
ちゃるもごっすむにだ			ちぐむ	
잘 먹었습니다	ごちそうさまでした		지금	いま
ちょげ			ちうげ	
저게	あれが		지우개	けしごむ
ちょぎ			ちっぷ	
저기	あそこ		집	いえ
ちょにょっく			っちゃじゃんみょん	
저녁	ゆうがた		짜장면	ジャージャーめん
ちょっくた			っちゃんぽん	
적다	すくない		짬뽕	ちゃんぽん
ちょごよ				
적어요	すくないです		**え**	
ちょむしむ			ちゃ	
점심	ひる、ひるごはん		차	くるま、おちゃ
ちょしめそ			ちぇそ	
조심해서	きをつけて		채소	やさい
ちょった			ちぇっく	
좋다	よい		책	ほん
ちょあよ			ちぇっくさん	
좋아요	よいです		책상	つくえ
ちょあへよ			ちょんそぎ	
좋아해요	すきです		청소기	そうじき
ちゅまる			ちぇゆっくぁん	
주말	しゅうまつ		체육관	たいいくかん

ちょどぅんはっくせん	
초등학생	しょうがくせい
ちょごりっつ	
초코릿	チョコレート
ちゅうぉよ	
추워요	さむいです
ちゅっく	
축구	サッカー
ちゅむ	
춤	おどり、ダンス
ちゅっぷった	
춥다	さむい
ちゅぃみ	
취미	しゅみ
ちま	
치마	スカート
ちんぐ	
친구	ともだち
ちむで	
침대	ベッド

ㅋ	
かる	
칼	カッター（はもの）
こよ	
커요	おおきいです
こむぴゅと	
컴퓨터	コンピューター
こ	
코	はな

くだ	
크다	おおきい
き	
키	背（せ）、しんちょう

ㅌ	
ただ	
타다	のる
たよ	
타요	のります
たっく	
탁구	たっきゅう
てくぉんど	
태권도	テコンドー
てれるびじょん	
텔레비전	テレビ
とっき	
토끼	ウサギ

ㅍ	
ぱ	
파	ねぎ
ぴょにじょむ	
편의점	コンビニ
ぽど	
포도	ぶどう
ぷる	
풀	のり（せっちゃく）
ぴあの	
피아노	ピアノ

ぴるとん	
필통	ふでばこ

ㅎ	
はご	
~하고	~と
はま	
하마	カバ
はしょっすむにだ	
하셨습니다	なさいました
はっきょ	
학교	がっこう
はんぐっく	
한국	かんこく
はんぐご	
한국어	かんこくご
はるもに	
할머니	おばあさん
はらぼじ	
할아버지	おじいさん
へっぴっつ	
햇빛	にっこう
ひょん	
형	あに
ほどぅ	
호두	クルミ
ほらんい	
호랑이	トラ
ふぁじゃんしる	
화장실	トイレ

ふぇさうぉん	
회사원	かいしゃいん
ひゅじ	
휴지	トイレットペーパー
ふっく	
흙	つち

수고 많이 하셨습니다.
앞으로도 즐겁게 공부합시다.

국립한글박물관

著者紹介

黄 昞峻（황병준、ファン・ビョンジュン）

韓国生まれ

大分大学工学研究科博士後期課程単位取得満期退学　博士（工学）

大分県立大分西高等学校、由布高等学校　非常勤講師

西日本工業大学、大分県立芸術文化短期大学　非常勤講師

現在、大分大学、大分県立看護科学大学　非常勤講師

現在、在日本大韓民国民団大分県地方本部　韓国語学校　講師

現在、大分県「韓国語によるスピーチ大会」審査委員

現在、韓国語能力試験（TOPIK）大分会場責任者

著書：大学韓国語基礎（博英社、2023 年）

金 善美（김선미、キム・ソンミ）

韓国生まれ

下関大学経済学部国際商学科卒業

現在、大分県立大分西高等学校、大分県立由布高等学校　非常勤講師

著書：大学韓国語基礎（博英社、2023 年）

こどもかんこくご 1

初版発行　2024 年 5 月 5 日

著　　者　黄 昞峻・金 善美
発 行 人　中嶋 啓太

発 行 所　博英社
　　　　　〒 370-0006 群馬県 高崎市 問屋町 4-5-9 SKYMAX-WEST
　　　　　TEL 027-381-8453 / FAX 027-381-8457
　　　　　E・MAIL hakueisha@hakueishabook.com
　　　　　HOMEPAGE www.hakueishabook.com

ISBN　　　978-4-910132-67-9